GO
飛び出す人だけが成功する時代
OUT

坪田一男

Discover
ディスカヴァー

疑わずに
最初の一段を登りなさい。
階段のすべてが
見えなくてもいい。
とにかく最初の一歩を
踏み出すのです。

マーティン・ルーサー・キング・ジュニア

はじめに

私は、年間200冊の本を読みます。

冒頭のこの一文を読み、そっと本を閉じようとしている方。先を読み進めるかどうか迷ってしまった方。心配はご無用です。

本書は、多読をすすめる本ではありません。

ですから、読者のみなさんに「年間200冊の本を読め」と言うつもりは毛頭ありません。年間200冊の本を読むのは、単なる私の「個性」です。

本書を手に取っていただいたあなたは、1年間に1冊も本を読まないということはないと思います。少ない数の本を厳選し、時間をかけてじっくり読み込むのも、それはそれで素敵な読書スタイルです。

ただ、私のように数多くの本を読むことによって、思いもよらない「出会い」があるのも事実です。

読書をすることで、自分の内向きの思考からゴーアウト（外に向かって出ていくこと）すると、それまで知らなかった人、知らなかった考え方、知らなかった事実との出会いが増えます。その出会いの数が多ければ多いほど、思いがけない「出会い」が増えるのは単純な足し算として考えられます。

そして、そのうちのいくつかから、セレンディピティ（偶然の産物）が生まれることもあります。思いがけない「出会い」が、思いもよらない「何か」を生み出すことにつながっていく。それこそがイノベーション（新結合）です。ゴーアウトすることは、そうした可能性を高めるのです。

読書の例を使って簡単にお話ししましたが、本書の目的は次の通りです。


現在のあなたの慣れ親しんだ世界（コンフォートゾーン）からゴーアウト（外に向かって出ていくこと）すると、思いもよらない「何か（イノベーション＝新結合）」が生まれる。その結果、自分のキャリアが広がっていく。そしてそれが、これからの不確実で変化の激しい社会を生き抜くための唯一の方法である。このことを、本書を通じてみなさんにお伝えしたい。

実際、私が本書の執筆を決意したのは、数年前に出会ったある本が契機のひとつになっています。これまでの私の考え方と行動の根拠が示されていたからです。

みなさんは、海部陽介さんという方をご存じでしょうか。

海部さんは、国立科学博物館人類研究部人類史研究グループ長を務める人類進化学者です。クラウドファンディングによって約6000万円の資金を集め、2016年から2019年にかけて、最初の「日本列島人」の大航海を再現する「3万年前の大航海　徹底再現プロジェクト」を実現させた人です。

2019年7月に台湾を出発した丸木舟が与那国島に到着したときには、報道によって広くその様子が伝えられました。2021年には、ドキュメンタリー映画（門田修監督『スギメ』）として制作され、第62回科学技術映画祭の教育・教養部門で文部科学大臣賞を受賞しています。そんなことから、海部さんの存在や大航海の事実を覚えておられる方もいらっしゃるのではないでしょうか。

そのプロジェクトの様子を克明に記したのが、2020年2月に刊行された『サピエンス日本上陸　3万年前の大航海』（海部陽介著・講談社）です。本書をお読みいただくうえでも、本書の執筆動機にもつながることなので、簡単に『サピエンス日本上陸

3万年前の大航海』の内容についてお話ししておきましょう。

ホモ・サピエンスは30万年前から10万年前にアフリカで出現し、5万年ほど前に突如として世界中に大拡散し始めます。それは南極を除くすべての大陸、太平洋やインド洋などに浮かぶ島にも広がっていきます。

日本列島にも、約3万8000年前ごろにどこからかやって来たことは間違いありません。それは、約3万8000年前以降の人類遺跡が突如として爆発的に出現し始めた証拠があるからです。

では、「日本列島人」（海部さんは日本という国が成立する前のことなので、日本人ではなく日本列島人と表現しています）はどこからやってきたのでしょうか。

海部さんによると、対馬ルート、沖縄ルート、北海道ルートという三つのルートから別々に入ってきたといいます。

朝鮮半島から長崎県の対馬列島を経由して現在の福岡県や佐賀県あたりに入ってきた対馬ルートは、およそ3万8000年前。台湾から沖縄を経て鹿児島県に入ってきた沖縄ルートが約3万5000年前。ロシアからサハリンを経て北海道の網走あたりに入ってきた北海道ルートが2万5000年ほど前。こう見ると、先ほど述べた世界中に大拡散したことがよくわかります。

ところで、日本列島にホモ・サピエンスが入ってきた時期は、約13万年前から1万年前まで続いた氷河期の終盤にあたります。さまざまな資料から、現在の海面より80メートルほど低かったと考えられています。

台湾は中国大陸の一部でしたが、沖縄との間には海峡がありました。朝鮮半島と対馬列島の間にも海峡がありました。北海道はサハリンやユーラシア大陸と地続きでしたが、津軽海峡は存在していたので、本州とはつながっていません。

「最初の日本列島人は、大陸から動物を追いかけながら、当時存在した陸の橋を歩いて渡ってきた」

このようなイメージが強く残るなか、海部さんは明確にそれを否定します。ホモ・サピエンスは、海を渡って日本列島に入ってきたのです。

問題は、現在のように衛星やGPSがない時代のこと、どうやって「向こう岸」を見つけたかです。台湾には富士山より高い標高3952メートルの玉山があるので、そこに登れば沖縄の最南端与那国島を見ることができます。

ところが、玉山を下りれば見えないうえ、与那国島から西表島（当時は石垣島と地続きのため一体化）、多良間島、宮古島などと続く島々は小さく、標高が高い山はないので、隣の島は見えません。方位磁石がなかった時代、ホモ・サピエンスはどうやって「その先」にある島を見つけたのでしょうか。

そして、最大の問題は台湾と沖縄の間に流れる「黒潮」です。黒潮は、フィリピン沖から台湾と与那国島の間を通り、沖縄列島の西側を北上して種子島、屋久島の南岸を通り、太平洋に抜ける急激な流れです。台湾沖では、毎秒1メートルから2メートルと言われる現在の流速よりも早かったといいます。現在でもこの海域の航海は難所と言われているのに、造船技術が発達していない当時にどのようにしてこの難所を渡ったのでしょうか。

これらの問題を当時のホモ・サピエンスたちがどう乗り切ったのか。その謎を解明するために、海部さんは「3万年前の大航海　徹底再現プロジェクト」を立ち上げたのです。実際のプロジェクトの様子は、海部さんの著書『サピエンス日本上陸　3万年前の大航海』や、ドキュメンタリー映画『スギメ』で楽しんでください。

海部さんは、プロジェクトのあとにこう考察します。

「『3万年前の大航海　徹底再現プロジェクト』の研究と実験を通じて、〝最初の日本列島人は航海者〟だったことを示した。では彼らは、〝海に立ち向かった挑戦者〟だと言っていいのだろうか。私はイエスと答える。島を目指した理由が積極的であろうと消極的であろうと、彼らが人類にとって未知の新しい世界を開拓したことに、変わりはない」（『サピエンス日本上陸　3万年前の大航海』より引用）

「まず、海を渡ることが大きなチャレンジだ。彼らは未体験の海域へ進入したのだから、安全にたどり着ける保証はなかった。彼らは小さな漕ぎ舟で出航したが、私たちの実験で見たように、その航海では技能、体力、忍耐力、知識、観察力、予見能力、協調性など、多方面において、男女ともども人間力を試されるものだった」（同）

「さらに、新しい島へ上陸し、そこへ移住するということは、故郷の土地で蓄積してきた動植物や自然に対する知識を捨てることでもある。つまり、何が食べられるのか、水場はどこか、道具の材料はどこにあるのか、それらをどうやって得るのか、どんな危険生物がいるのかといった、生活に関わる知識体系を再構築しなければならない。そうしたリスクを覚悟で新しい世界に飛び込んだ彼らは、立派な挑戦者ではないだろうか」（同）

3万年前に大陸から日本列島に渡ったホモ・サピエンスは、それまで住んでいた場所から出て、新たな土地に移住しました。そこに至るまでの旅で、命が途絶えるリスクもありました。たどり着いたとしても、慣れ親しんだ土地とはすべての面で異なるため、生存するリスクさえ生じます。それでも外に出て、新たな歴史をつくった彼らは、海部さんだけでなく私にも挑戦者に見えます。

私は、生来の性質として外に出ていく傾向がありました。物理的に外に出ることが好きで、興味を持ったら初めて会う人にでも積極的に話を聞きに行き、従来の常識が間違っていると思えば変革し、新しい分野に乗り出してきました。

なぜ私はそういう行動をとる人物になったのでしょうか。

周囲にいる人からは「坪田先生は特別だよ」とも言われてきました。でも、私はそれを受け入れられませんでした。私だけができることではないはずだ、と。

そこで出会ったのが、海部さんの本です。

ゴーアウトする性質は、日本人を含む人類の遺伝子に刷り込まれていることで、特別なことではないのではないか。

海部さんの本を読み、自分自身に照らしてみると、私にはそう思えてならないのです。

翻って、現代の日本人はどうでしょうか。

日本人の多くはリスクを恐れ、あるいは失敗を恐れ、自らのコンフォートゾーン（快適な空間）から出ることを嫌がります。もちろん、なかには積極的にゴーアウトしてリスクを取りながら新たな地平で勝負している日本人もいます。しかし、私が言われてきたように、そういう人は特別な人で、普通の人はそうではないと考えている人が多数なのではないでしょうか。

私は、そうは思いません。

海部さんが示したように、日本人はその起源からゴーアウトした人たちの集団なのです。そこから枝分かれして現在に至る日本人にも、間違いなくそのＤＮＡは組み込まれているはずです。

ゴーアウトする目的と効果、そのやり方さえきちんと学べば、ゴーアウトすることはそれほど難しいことではありません。私は、本書でそれをみなさんにお伝えしたいと思っています。

そこで、まずは1章でゴーアウトをお勧めする根拠となる考え方をお話ししていきます。そして2章から5章は、具体的なゴーアウトの手法とその効果について触れてみたいと思います。

この本を手にしてくださった読者のみなさんが、現状のコンフォートゾーンからゴーアウトし、新しい地平で豊かな果実を手にされることを願っています。

本書がそのわずかな一助にでもなれば、執筆した目的は実現することになります。それこそが、私のこのうえない幸せです。

2023年3月

坪田一男

1章 人生100年時代は「飛び出す人」がキャリアを築く

2章

外に飛び出すことで、手に入る「もの」

3章 思い込みの外に飛び出す

4章 業界の外に飛び出す

5章

作られた枠の概念から飛び出す

1 章

人生100年時代は「飛び出す人」がキャリアを築く

人生100年時代、目指すのは「飛び出す人」

ロンドン・ビジネススクールのリンダ・グラットン教授は、2016年に同僚のアンドリュー・スコット教授と共同執筆した『ライフシフト』（東洋経済新報社）において、人生100年時代を生き抜く戦略を提言しました。

その「100年ライフ」のための準備として、冒頭で「100年ライフでなにが変わるか？」という小見出しを設けています。

そこに書かれている項目は、次に掲げる14点です。

70代、さらには80代まで働く
新しい職種とスキルが登場する
お金の問題がすべてではない
人生はマルチステージ化する
変化が当たり前になる

人生の新しいステージが現れる
レクリエーションから、リ・クリエーションへ
「一斉行進」が終わる
選択肢をもっておくことの価値が増す
若々しく生きる
家庭と仕事の関係が変わる
実験が活発になる
人事制度をめぐる戦いが始まる
政府が取り組むべき課題

すべての項目に書かれていることが、これまでのライフにはなかった「ライフ」です。重要な考え方として、グラットンとスコット両教授はこう記しています。

「これまでの世代は、人生のさまざまな変化を主体的に選択したり、移行を遂げるために必要な能力を積極的にはぐくんだりすることを意識しなくてもよかった。しかし、長い人生を生きる人は、人生で移行を繰り返すことになる。ほかの人たちと一緒に移

行を経験するケースもあるだろうが、歳が近い人たちの選択に従うというやり方はたいてい通用しない。まわりのみんなと同じ行動を取るだけでうまくいく時代は終わったのだ。過去の世代には必要なかったことだが、私たちは、自分がどのような人間か、自分の人生をどのように組み立てたいか、自分のアイデンティティと価値観を人生にどのように反映させるかを一人ひとり考えなくてはならない」（『ライフシフト』東洋経済新報社より引用）

そして、グラットンとスコット両教授は、次のような言葉で『ライフシフト』を結んでいます。

「多くの人が自分にとって真に大切なものを探索するようになり、一人ひとりの個性と多様性が奨励され、称賛されるようになる。こうして、人々は多様な働き方と生き方を選べるようになり、それが１００年ライフの果実を生むのだ」（同）

つまり、人生１００年時代を迎えると、これまでの常識は通用しなくなり、これまでうまくいっていたことが、うまくいかなくなると言っています。そのときに重要なのが、自分の人生を主体的に考える姿勢です。そこで必要となるのが、自分にとって本当に大切なもの、自分が心からやりたいことを「探索する」ことです。それが「100年ライフの果実を生む」と指摘しているのです。

ところが、自分のコンフォートゾーンにとどまり、ゴーアウトして挑戦しようとしない人の言い分を聞いてみると、そこには「逃げ切れる」というニュアンスが満ち満ちています。

人生100年時代を迎えたら、とても逃げ切れるものではありません。仮にあなたが定年によって逃げ切れると考えたとしましょう。現在の60歳から65歳の定年年齢では、定年後の人生は30年から40年にわたって続きます。その膨大な期間を、これまでのように余生として過ごすには、あまりにも長すぎます。

あるいは、ゴーアウトしない人のなかには「ほかにやれる能力を持っていない」という不安も垣間見えます。

仮に定年がなくなり、同時に日本人の健康寿命が伸びたとしたら、70歳はおろか80歳、90歳まで働き続けることになるかもしれません。そうなったとき、そこまで第一線で働き続け、新たな「何か」を生み出すための自分の「引き出し」は、果たして十分と言えるでしょうか。

逃げ切ることもできず、今のままでは引き出しが枯渇する。そんな不安を抱えたまま100年続く人生を豊かで実りあるものにすることは、おそらくできないでしょう。その唯一の解決策は、自分の引き出しを増やすこと。

では、どのようにして引き出しを増やすのか。

引き出しを増やす方法は、さまざまなものがあると思います。基本的には、自分に合った方法を探し求めていく必要があります。

とはいえ、方法がわからない人もいるでしょう。あるいは、いくつもある選択肢のどれを選んでいいかわからない人もいるかもしれません。その場合は、本書を参考にしていただければ、解決策がきっと見つかるはずです。

私が確信をもってご提案するのは「T型キャリア」を目指す方法です。

その前提となるのが、いわゆる「T型人材」といわれる、ジャンルなどを飛び出して活躍する人です。この本では「飛び出す人」とも表現します。

広くビジネス界で流布している目指すべき人材像として、かねてからT型人材が挙げられてきました。あるひとつの分野を極め、専門的な知識や知見、経験、スキルを持つだけでなく、ほかの分野にも優れた知見を持つ人材。これがT型人材と呼ばれています。

私が現在の日本人に目指していただきたいと思うのも、このT型人材です。

ただ、問題は山積しています。

漠然と目指せと言われても、なかなか実現することができないからです。だからこそ、T型人材が推奨されて久しいのに、いまだにT型人材がごくわずかしかいないのではないでしょうか。

そこで本書では、T型人材の原型となる考え方と、T型人材になるための具体的な方法をご提示したいと思います。

まずは、原型となる考え方から見ていきましょう。

T型人材の原型「両利き経営」の考え方とは

原型となる考え方は、スタンフォード大学のチャールズ・A・オライリー教授とハーバード大学のマイケル・L・タッシュマン教授の共著『両利きの経営』（東洋経済新報社）

に書かれています。

優良企業ほど安定的に利益を生む事業によって差別化を図ってきたからこそ、イノベーションを起こりにくくさせる「イノベーションのジレンマ」。この本は、それを解決するための経営手法として書かれています。

その概要について、『両利きの経営』の冒頭に早稲田大学ビジネススクール教授の入山章栄さんが書いている解説「なぜ『両利きの経営』が何よりも重要か」を参考にしながら、簡単にまとめてみましょう。

具体的に「両利き（ambidexterity）」とは、人間が右手も左手も遜色なく自由に使える状態を意味します。翻って企業における両利きとは「探索（exploration）」と「深化（exploitation）」が高次元でバランスしている状態を指します。

そもそも、人間の認知には限界があります。どうしても、目の前の一定範囲に限られてしまうのです。そうなると、目に見えているものだけで世界が構成されているように考えてしまいがちですが、認知の範囲外にも多くのより良い選択肢があるかもしれないのは自明の理です。

とくに、ＶＵＣＡ（Volatility＝変動性・Uncertainty＝不確実性・Complexity＝複雑性・Ambiguity＝曖昧性）の時代においてイノベーションを起こそうとするには、従来の認知の範囲から脱し、新しい知見に触れる必要があります。

そこで、なるべく従来の自分自身や自分の会社の認知の範囲を超え、遠くに認知を広げていこうとするのが「探索」です。ところが、この探索はリスクが高く、コストがかかるのが一般的です。

一方で、探索を通じて探し当てたもののうち、成功確率が高そうなものを深掘りして磨き込む行為を「深化」と呼びます。

この深化があるからこそ、企業は質の高い製品やサービスを顧客に提供し、社会的評価を受け、安定した収益を得ることができます。これを模式的に表したのが次の図1です。

しかし企業は、どうしても深化に偏る傾向が見られます。それは、すぐに儲かること、つまり、深化を重視し、リスクとコストがかかる探索を敬遠するからです。

加えて、深化によって成功すると、その世界が唯一の正解と考えるようになり、そこから抜け出せなくなります。これは「サクセストラップ（成功の罠）」と呼ばれ、ほとんどの日本企業が陥っていると考えられます。

深化に偏ることなく、探索と深化がバランスしている状態こそが、継続的な成長を実現する。それが「両利きの経営」の趣旨です。私の感覚では、図1に示しているよ

図1　両利きの経営の図

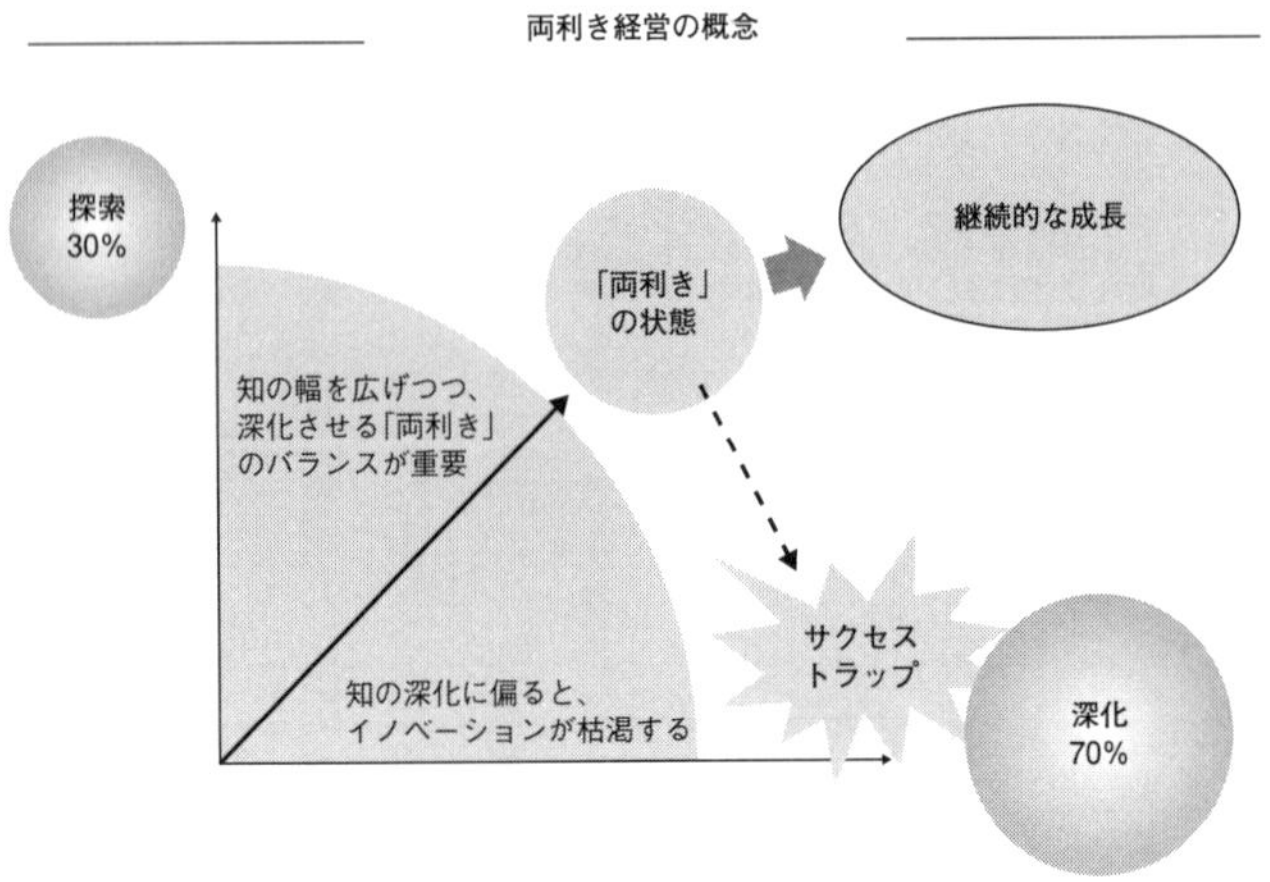

出所：チャールズ・A・オライリー、マイケル・L・タッシュマン（著）、入山章栄（翻訳、その他）『両利きの経営』より改編

うに「深化70%」「探索30%」のバランスが最適だと思います。

かつてのグーグルにあった「20%ルール」は、勤務時間の20%を自分自身のやりたいことに費やさなければならないというものでした。この20%が探索にあたり、残りの80%が深化にあたると考えられます。

私が経営する坪田ラボでも、意識的に深化に70%のエネルギーとお金をかけ、探索に30%のエネルギーとお金をかけています。

具体的には、2022年の坪田ラボの研究費は3億円でしたが、そのうちの2億円（約67%）を既存技術のバイオレットライトなどを深化させることに充て、残りの1億円（約33％）はまったく異なる再生医療などの新規分野に投資しています。すぐに成果は出なくても、4、5年先に実を結ぶための探索です。

その比率には多少の違いはあっても、探索と深化をバランスさせるという考え方については、イノベーティブな企業には認識されてきたのではないでしょうか。

個人のキャリアにとっても探索と深化は必要

オライリー教授とタッシュマン教授の「両利きの経営」の考え方は、あくまでもサクセストラップによって企業を停滞させず、イノベーションを起こすための経営姿勢です。しかし私は、個人がT型人材になるうえでも、「両利き」が生きてくると考えています。

図1では、縦軸がエクスプロレーション（探索）、横軸がエクスプロイテーション（深化）となっていました。ここから、縦軸と横軸を入れ替えたのが図2です。

縦軸は、専門性を深掘りする深化です。横軸は、何でも体験したことがプラスにな

図2　T型の原型

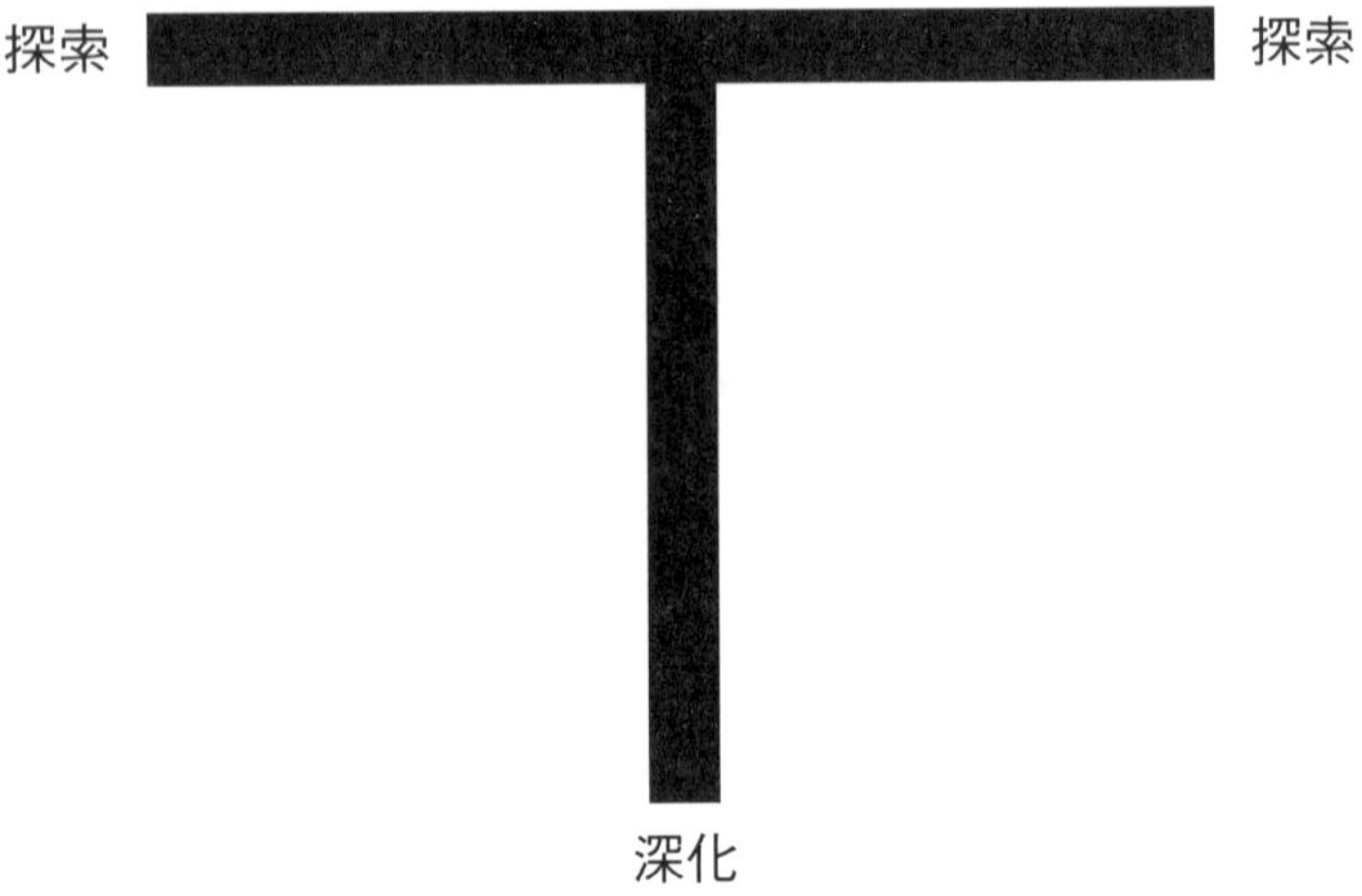

るという探索です。左右に分かれているのは、片方が現在の仕事に関係がありそうな分野、もう片方が現在の仕事とはまったく関係のない分野と考えてください。

企業が陥る罠と同じように、多くの人は縦軸の深化をことさらに重視します。営業が得意なビジネスパーソン、マーケティングに秀でたビジネスパーソン、経理や財務などお金まわりを専門とするビジネスパーソン。私の場合は眼科医です。これらの能力を極め、そのなかで最大利益を得ようとします。

改めて定義すると、この深化まわりの領域は「コンフォートゾーン」と考えていいでしょう。コンフォートゾーンは、文字通り「居心地の良い空間」です。言い方を変えれば「不安にならない領域」とも言えます。

図3　コンフォートゾーン・ラーニングゾーン・パニックゾーンの関係

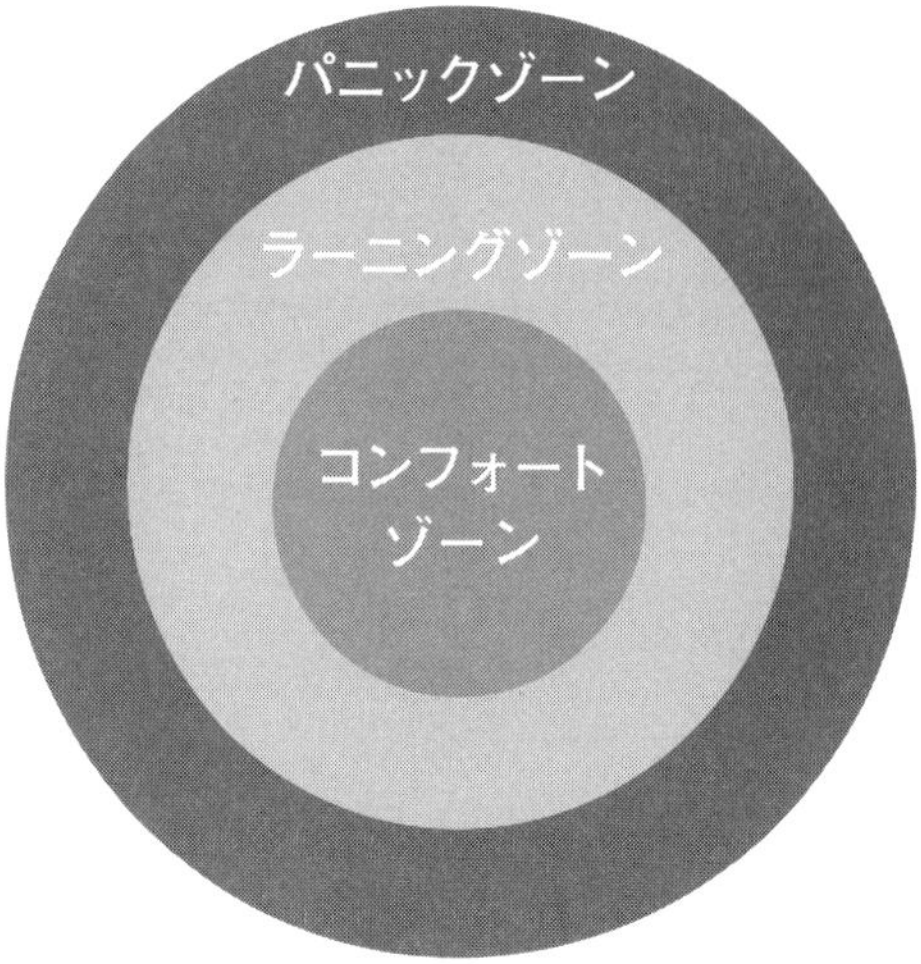

自らの専門分野を深く掘り下げていくことは、心理的安全性が担保され、予測できるためにミスをする確率が低く、努力に対する効果が正比例で表れるために小さな成果を得やすい領域です。極めて「緩い」確度の成長が実現され、自分のなかでも「やった気になる」ため、満足感を得やすくなります。

まさにコンフォートゾーン、居心地は最高です。

ところが、先ほども申し上げた外部環境が激変するＶＵＣＡの時代では、緩い角度の成長などは突然意味をなさなくなることがあります。日本と日本人が置かれた状況がまさにそうです。

にもかかわらず、日本人は自分の専門領域の外に出る探索をおろそかにしてしまう傾向が見られます。深化の領域に偏るのは、リスクがないように見えてかえってリスクが高くなってしまうのです。

これに対して探索は、コンフォートゾーンを出て「ラーニングゾーン」「パニックゾーン」に出ていく（ゴーアウトする）ため、リスクがあります（図3）。心理的に不安な状態に置かれ、予測できないことが起こるためにミスを犯します。努力しても、必ずしも成果が出るとは限りません。

コンフォートゾーンで深化させると即効性（企業の場合は損益計算書P／Lに反映される）が上がりますが、コンフォートゾーンを出て探索をしたとしてもすぐには成果（儲け）は出ません。だから、つい深化に走って自分の収入を1万円でも増やし、周囲の評価を1ミリでも上げようとする行動を選択してしまうのです。

しかし、冒頭でお話ししたように、コンフォートゾーンを出て探索していくと、これまでに経験したことがない出会いに恵まれ、何らかの新しいものを生み出す未来につながります。そのため、将来的な大きな成功の確率が上がる可能性が高まります。

また、リンダ・グラットン教授とアンドリュー・スコット教授が指摘するように、人生100年時代になって人生がワンステージからマルチステージ化してくると、単一の価値だけでは通用しなくなります。現時点では優位性を持っていても、その優位性は持続可能な長期的なものではなく、あくまでも短期でしか通用しないものとなります。だとすると、アジャイルに自分を動かし、新たな情報を集め、自分のなかで選択と集中ができるようにしなければならなくなるでしょう。

このときの選択と集中が、それぞれ探索と深化にあたります。ゴーアウトして探索することで情報を集め、そのなかで選りすぐったものを深化させるのです。また、新たに結合させることもあります。これが「T型」です。

ところが、今の日本人はゴーアウトをしていないために選択肢があることに気づかず、効果的な選択ができません。そればかりか、深化でさえ適切な水準まで掘り下げることができていないため、競争力を失っているのです。

日本のビジネスパーソンは、いまT型のどこにいるか

企業に所属するビジネスパーソンの場合、ゴーアウトして探索することなく深化にばかり偏っていると、その会社では通用しても、広く世界に目を向けたときにまった

く通用しない人材になってしまいかねません。

シャープが液晶だけにリソースを集中させて行き詰ったのと同じで、現在のコンフォートゾーンだけに適応して深化し、自分の会社のなかで利益の最大化、給料の最大化ばかり狙っていると、取り残されてしまいます。あなたは常識的に生きているつもりでも、世間では非常識のなかで生きてしまうことにもなりかねません。

率直に言って、現在の日本のビジネスパーソンをT型人材の図でプロットしてみると、図4の探索と深化が交差するグレーの○印のあたりに位置すると考えられます。

企業に所属していると、さまざまな部署をローテーションします。営業、マーケティング、企画、管理、人事、財務、経理など、それぞれ異なる業務を経験します。個人の「幅」という意味では、それなりにT字の横軸を広げることはできます。T型人材をイメージしたとき、この企業内の業務の幅をT型と勘違いしている人もいるのではないでしょうか。

それは違います。その範囲は、同じ企業内なので狭いものにすぎません。T型を広げていくには、他の分野にゴーアウトする必要があります。これをやっていない日本のビジネスパーソンの多くは探索を広げることができず、T字の横棒は極めて短いものにとどまっています。

図4　T型の原型にプロットしてみる

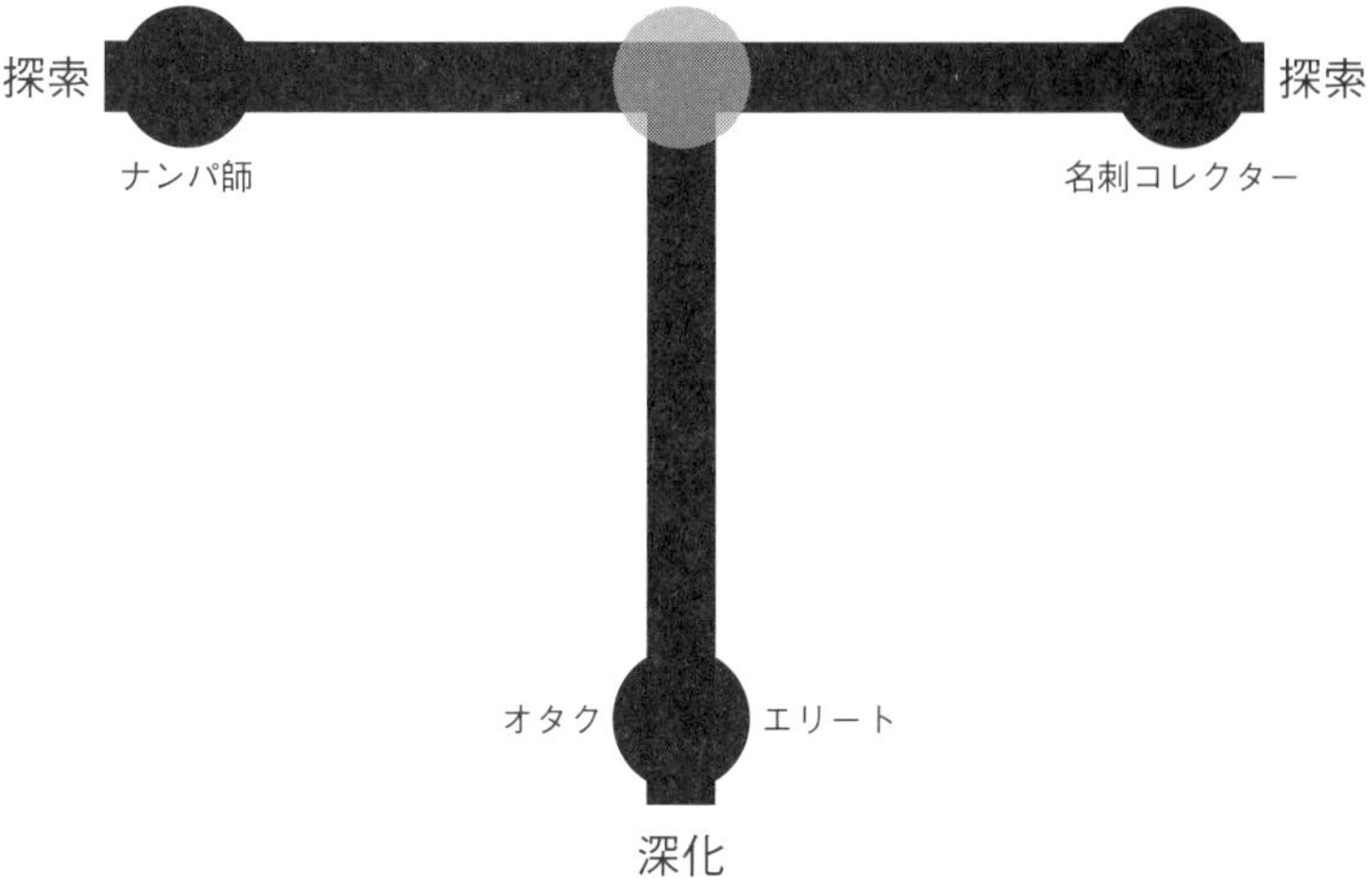

　また、それぞれの部署にいる期間も短いため、深化も中途半端に終わっています。後ほど触れますが、専門性を深化させるにも方法があります。それさえも行っていないので、深化の縦棒も短いものにとどまっています。結果的に、**横棒も縦棒も短い「プチT型」が、一般的な日本のビジネスパーソンの現在地**なのです。

　とはいえ、深化を深めている人がいないわけではありません。それが現在の日本企業における「エリート」です。彼らは周囲よりも深化を掘り下げているので、人よりも成果を挙げることができるからです。

　あるいは、いわゆる「オタク」と呼ばれる人も、ある分野で深化を掘り下げるだけ掘り下げて現在の状態を形づくりました。

ただ、いずれにしても探索が不十分なため、新たな出会いがなく、新しい何かが生まれることは難しいでしょう。日本企業のエリートがイノベーションを起こせず、オタク界隈の人たちが狭いコミュニティにとどまっているのは、そういう理由です。

たとえば、オタクだった人が、あるときに自分の収集しているものや知識の価値に気づき、それをビジネスにしようとして成功した人もいます。

ブリキのおもちゃ博物館館長の北原照久さんは、自分だけの楽しみのためにブリキのおもちゃをコレクションしていました。ところが、あるときそれを多くの人に楽しんでもらいたいと思ったといいます。それは、さまざまな人と交流したりするなど外に向かってゴーアウトした結果だと思います。北原さんは、ついに横浜の山手にブリキのおもちゃ博物館を開きました。深化だけでは到達できなかったはずです。

一方、人によっては、さまざまな後援会や交流会に顔を出し、ゴーアウトによる探索に近い動きをしている人もいます。ところが、とくにビジネスパーソンは「名刺コレクター」で終わっているケースがほとんどだと思います。つながりができたことを人脈と解し、あるいは、ナンパするだけして、あとのフォローをまったくしない人もそのグループに分けられるでしょうか。

では、名刺コレクターやナンパ師は、なぜそこでとどまってしまうのでしょうか。

それは、自分のなかで深化させたものがゼロのため、いくら探索を広げても出会いを有機的に結びつけることができないからです。

ただ、この人たちには可能性を感じます。もっともハードルが高いゴーアウトはできているわけですから、自分のなかで深化さえできれば、新たな出会いによって新しい何かを生み出すことはできるはずです。

このように、探索と深化はどちらかに偏っていては機能しません。

多くの日本人は、とくにビジネスパーソンは、どちらかというと深化に偏り、探索が不足しています。本書でゴーアウトを強調しているのはそのためですが、基本的には探索と深化のバランスが必要なのです。

深化志向の圧力が、探索する機会と熱意を奪う

とはいえ、なかなかゴーアウトに踏み切れない要因として、周囲の環境に問題があることが考えられます。

私が慶應義塾大学医学部を卒業し、国家試験に合格して慶應義塾大学医学部眼科医局に入ったとき、先輩から「とにかく眼科について勉強しろ」と言われました。これは、当然のことです。私も眼科についての勉強にいそしみました。

ただ、生来の性質でさまざまな分野に関心を持っていた私は、ほかの分野の勉強もしたいと思っていました。それを伝えると、先輩からこう言われたのです。

「そんな暇があったら、もっと眼科を勉強しろ。おまえが勉強しなくて、患者さんに迷惑がかかったらどうするんだ？」

一見すると、ごく当たり前で正当な物言いのように見えます。ところが、このロジックは人を思考停止にさせる破壊力を持っています。

もちろん、眼科医が眼科の勉強をするのは当然のことです。日本では、経験の浅い人ほどこの圧力をまともに受けることになります。

とくに、私が接している医学部の学生は、縮こまり思考に陥りがちです。医学の勉強をしなければならない。国家試験に受からなければならない。そのためには、医学に関係のないことをやっている場合ではない。そんな思考に陥ってしまっているのをひしひしと感じます。結果的に「本業に専念しろ」という圧力が、探索をするためにゴーアウトするモチベーションを奪ってしまうのです。

深化は重要です。大前提です。しかし、これからの社会で価値を生み出すのは、深化するだけの人間ではありません。T型人材はもちろんのこと、二つ以上の専門性を深化させ、さらに幅広く探索を続ける「π型人材」です。

私の場合は眼科とアンチエイジング、あるいは企業経営を深化させ、幅広く探索を続けています。そのほうが、その人の価値は圧倒的に高まると信じています。

それは企業社会でも変わらないのではないでしょうか。

企業ではジェネラリストを育成するために、さまざまな部署を経験させるのが一般的です。

ただ、ほとんどの人がその企業から出られません。そればかりか、以前はそうしたジェネラリストが出世していった時代がありますが、最近の欧米では深化が進んだ専門家のほうが、生涯年収が高くなったと言われています。

しかも、単なる専門家ではなくT型、π型のほうがさらに生涯年収が高くなっています。専門性を深化させるのはもちろんですが、ゴーアウトして探索の旅に出ることが価値を高め、評価される時代に変わったのです。

もちろん、専門性を深化させる行為は、避けては通れません。専門性を深化させずにゴーアウトしても、何ら新しいものを生み出すことができないのは、名刺コレクターやナンパ師の例を見れば明らかです。

それでも、深化一辺倒で進んでいったとして、いざゴーアウトしようと思ってもそれなりに時間がかかります。突然ゴーアウトしようとしても、なかなかうまくいかない現実は認識しておく必要があるでしょう。

慶應義塾大学医学部の学生からのリクエストで、1時間の学生懇話会を開いたことがあります。医学部教授だった私が起業した事実を参考に、彼らにも起業熱が高まっているのです。そのとき、学生からこんな質問をされました。

「先生の話を聞いていると、起業が面白そうに感じました。早く起業したいのですがいつ起業したらいいですか?」

私は慶應義塾大学医学部発ベンチャー協議会の代表を務めていますが、協議会としては次のように考えています。

「まずは国家試験に合格して医師になり、専門を極めて専門医になり、博士号ぐらいは取ってほしい。でも将来的に、新しい企業を起こすことを前提に、自分のなかに多様性を培っておいてほしい。そのために、T型人材になっていこう」

ゴーアウトして探索し、それを深化させた自分の専門分野と掛け合わせて何かを生み出すには、基本的に時間がかかります。一朝一夕にできないのであれば、時間をかけて探索を続けていくほかありません。学生懇話会では、反対に、私から学生にこんな質問をしてみました。

「起業は早くすればするほどいいと思いますか？」
「起業の目的は何ですか？」
「早く起業して成功することが目的ですか？」

私は、起業は早さを競うものではないと思っています。ビジョンが見えて、それに向かって突き進む時期を模索する。その準備として、自らをT型人材にすることを考えながらゴーアウトし、適切なタイミングがきたら起業すればいいのです。

ビジネスパーソンの場合は、医者のように専門性が高いわけではありません。まずは深化しようと言われても、どこまで深化させればいいか、基準が曖昧です。

その場合は、転職市場を意識するといいと思います。自分の会社のなかでのあなたの価値という概念とは別に、マーケットのなかでのあなたの価値という概念を意識するのです。

そのためにも、ある一定の期間は必要です。

新入社員として入った会社は、3年は勤めるべきだという考え方があります。その期間は自分で決めればいいと思いますが、期間を決めたらその期間は深化することに励みましょう。10年やったら一人前という職種だとしたら、10年間は深化を極めてみるのです。

歌舞伎俳優の第18代中村勘三郎さん（故人）は、こんな言葉を残されています。

「**型があるから型破り。型がなければ、それは形無し**」

深化は型をつくることで、探索が型破りに相当します。まずは深化を中心に専門性を極めていきながら、探索も同時に進めて準備しておくことが必要なのです。その意味で、深化70％、探索30％の比率が最適だと思います。

そして、自分で深化のゴール（あるいは中間地点）を決め、それを迎えたときにどうするかを決めておくとよいでしょう。そこで他人の評価基準に従ってしまうと、身動きが取れなくなります。あくまでも自分の基準でかまいません。

「T型人材」は「I型人材」の進化の先にある

先ほども少し触れましたが、人材の「型」を整理しておきましょう。

①I型人材（専門知識の深化のみ）
②T型人材（専門知識と一般知識のバランスがとれている）
③π型人材（複数の専門知識と一般知識のバランスが高度にとれている）
④プチT型人材（会社内の異動で複数の職務をこなすジェネラリストだが、一般知識の幅も専門知識の深さもない）

図5　医者の場合の深化

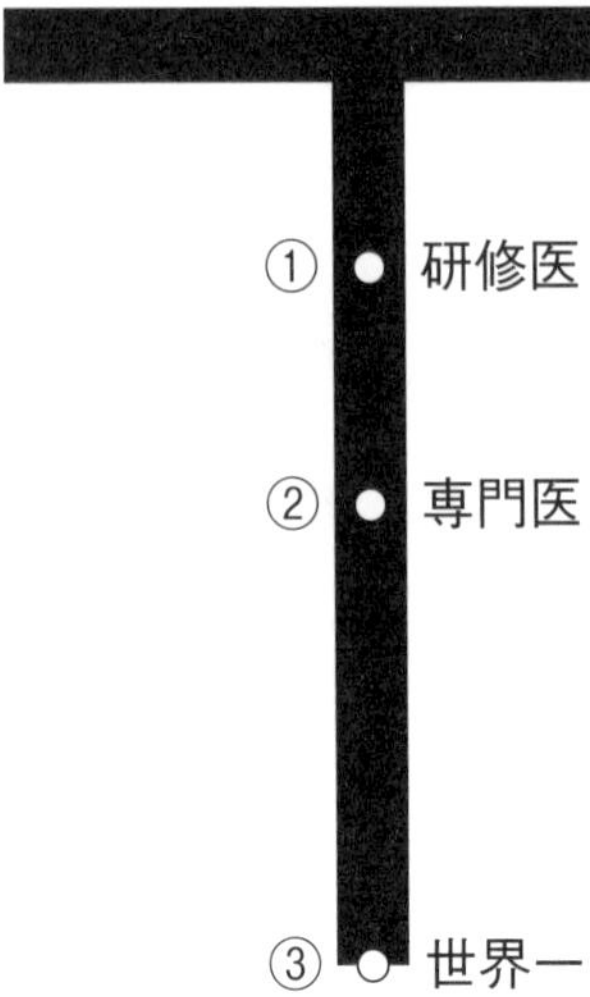

本書で目指すのは、ゴーアウトによってT型人材、π型人材になることです。その前提として、深化して専門性を深めることは基本中の基本です。

図5のように、たとえば医者としての最低限の知識（医学的知見）・技能（手術などのスキル）・情意（なぜこの仕事をするのか自分なりのストーリー）が①にあるとします。その水準が研修医レベルだとしましょう。それよりも専門性を深化させた知識・技能・情意が②にあり、それが専門医の水準です。ここで深化は十分という考え方もあります。

ただ、私の場合はさらに深化を深めて世界と勝負したいと考えます。どうせやるのであれば、深化のレベルも人より抜きんで

図6　深化を深める

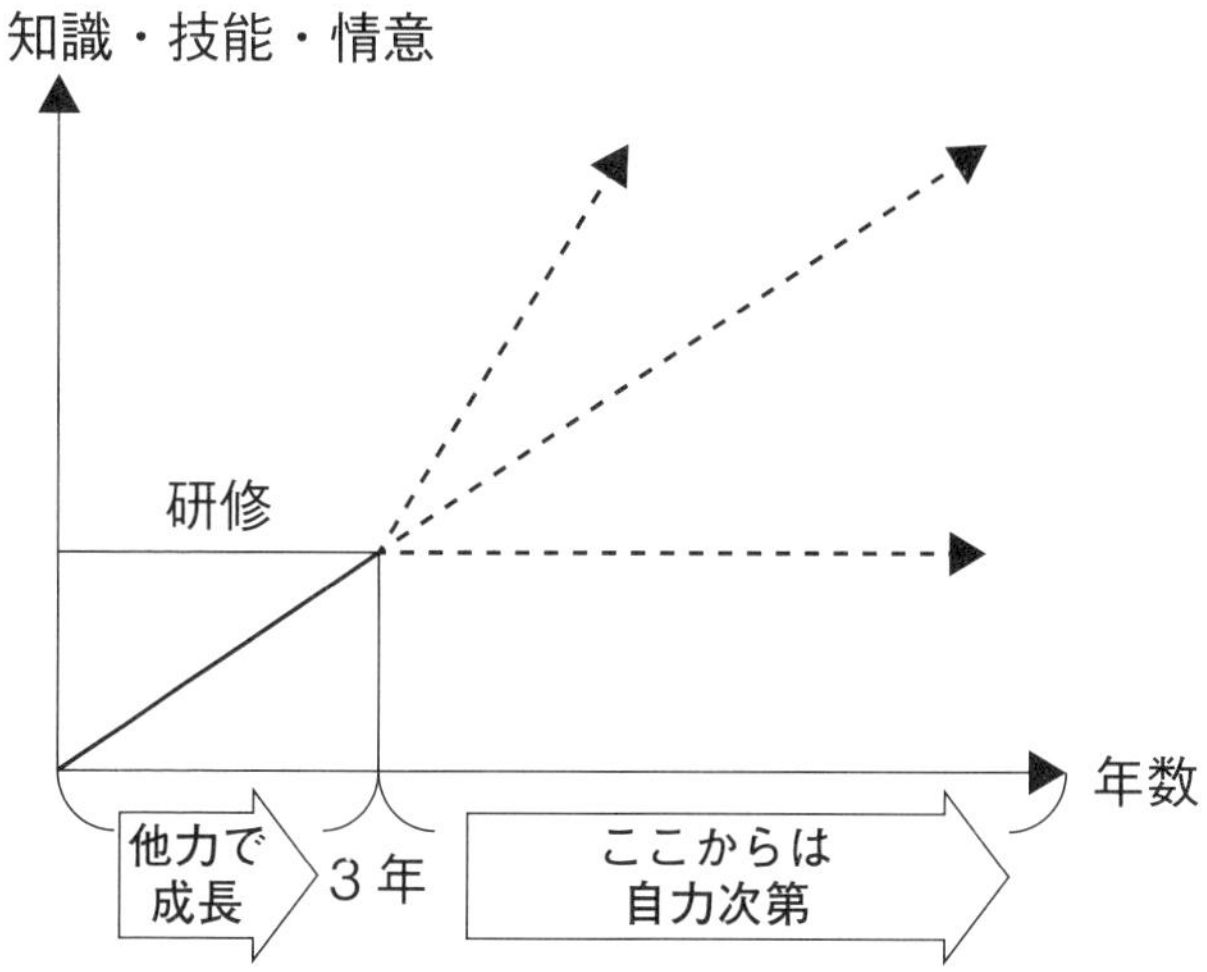

たほうが、探索をして得たものとの結びつきが多様になる可能性が高まると考えるからです。

深化を深めるときの実態を示したのが、図6です。これは医者のケースを示していますが、一般企業でも同じように考えていいと思います。

縦軸は知識、技能、情意のレベルを示します。横軸は年数で、3年ほどで研修医を卒業するレベルに到達します。これは、システムとしての研修機能があるので、誰でも実現できます。

ここまでは「他力」です。

学生には、3年経った後も直線の傾きを落とさずに伸びていってほしいと伝えます。そのときのカギが「自力」です。傾きを上げるにしても傾きを維持するにしても、問われるのは自力です。もちろん他力も使いますが、自分の力で深化させなければ、そのレベルが高まることはありません。

さらに、傾きをより上げながら成長するには、他力によって学びながらたくさんの本を読んだり、面白い人に会いに行くなど、自己教育を加えたり、自力でゴーアウトしたりして探索することが必要となります。この姿勢を持っている人は、その後の伸びが違います。

たとえば商社で野菜を扱っている人がいるとしましょう。

野菜を世界中から買ってくる業務を専門としているのであれば、野菜を熟知していなければ成立しません。しかも、熟知しているレベルで同じ業務に従事している他の人と差別化するのは難易度が高くなります。姿勢としては「野菜の分野を突き詰めて世界のトップを目指す」という気持ちが必要で、そうしなければ真のI型は成り立たないと思うのです。

T型人材、π型人材を目指すうえで、まずはI型人材になることは極めて大事なことです。ひと通りの研修を受けたから、ひと通り経験したからといって、そのレベルではI型人材とは言えません。どこに行ってもトップになれるような付加価値を、自分につけるべきではないかと思います。

そのためにも、3年なら3年、その部署にいる間に深化を極めておけば、それなりの専門性は高まります。

ここで「1万時間の法則」をご紹介しようと思います。これは、専門を極めるためには1日1時間の学びで10000日(約30年)、1日3時間の学びで約3000日(約10年)になるという考え方です。そう考えるととても大変なことですが、ぜひとも、それくらいのことをやる心構えでいきましょう。

自力だけで足りなければ、他力を使うことを考えればよいのです。先輩や師匠、ゴーアウトしてその道の専門家に指導を仰ぐなど、先生を自力で見つけることで深化は促進されます。

大切なのは、深化を促進させるためには与えられたシステムだけでは到達できず、ゴーアウトによる自力の学びが不可欠だという点です。

専門家になるのは10年、20年のスパンで考える。これが今までの常識だとしたら、これからはゴーアウトの力を使い、その道のプロたちからサポートを得ながら専門家になるという意識で取り組むのも選択肢のひとつなのではないでしょうか。

このI型を深化させ、企業に在籍中から常にゴーアウトして探索を広げた結果、非常に稀有なキャリアを築いた人がいます。

現在の立命館アジア太平洋大学学長、出口治明さんです。

出口さんは京都大学を卒業したあと日本生命に入社。企画部などで経営企画に参画する一方で、生命保険協会の財務企画専門委員会初代委員長として、金融制度改革や保険業法改正に関わります。

部長職になってからはロンドン現地法人社長としてヨーロッパを任され、日本に戻ってからは国際業務部長として日本生命の国際業務展開を一手に引き受けます。そのなかで、日本生命を世界最大の生命保険会社に成長させるための海外進出プランを策定します。生命保険業界では、究極まで深化した人と言って差し支えないでしょう。

ところが、すんなりとはいきません。

そのプランは無事役員会で承認されますが、社長が交代した途端に白紙に戻されてしまいます。出口さんは食い下がりますが、下されたのは明らかな左遷でした。グループのビル管理会社に出向、その後日本生命を退職します。

しかし、転んでもただでは起きません。退職後、インターネット専門の生命保険会社ライフネット生命を岩瀬大輔さんと開業します。そして、ライフネット生命を退職してから、立命館アジア太平洋大学の第４代学長に就任しました。

出口さんはたいへんな読書家で、世界史に通じています。著書も多数あり、その分野で一家言を持っています。また、興味を持った人に会いに行くこと、旅をしながらあらゆる現場をその目で見ることで、あらゆる世界を探索してきました。

そのおかげで、ビジネスパーソンとして深化をより深くすることができたのだと思います。ビジネスパーソンとしてのキャリアを終えてから、起業家、大学学長などセカンドキャリア、サードキャリアで輝くことができたのも、深化と探索を積み重ねてきたからこそなのです。

2章

外に
飛び出すことで、
手に入る「もの」

1章で、ゴーアウトすることの必要性とメリットをお伝えしました。2章からは、ゴーアウトするための具体的な方法と手に入れられるものについてお話ししていきたいと思います。まずは私の専門である「眼」の観点から話を進めます。

1日2時間は外に出よう

2022年6月23日に、文部科学省が「2021年度 児童生徒の近視実態調査」の結果を公表しました。それによると、「裸眼視力1・0未満」、つまり近視の児童生徒が成長するにつれて増加し、2018年度以降は過去最多が続いています。

虫歯や肥満は減少傾向にあるのに、近視だけは増え続けています。私たち慶應義塾大学医学部の研究では、中学生の95％が近視であるというデータもあります。

なぜ人類は近視になったのでしょうか。年を追うごとに近視になる人が増えているのはなぜでしょうか。読者のみなさんはどう思われるでしょうか。

「スマートフォンを見るようになったから」

「ゲームをやるのが当たり前になったから」

こんな意見がきっと圧倒的ではないでしょうか。小さい画面の電子機器を凝視する機会が増えたことを理由とするのは、よく知られている事実です。ところが、実際にはスマートフォンやゲームの画面を見る時間が増えたから近視になるというエビデンスはありません。

では、いったいなぜなのでしょうか。

その理由がわかったのは、2007年ごろのことです。驚くことに「子どもが外で遊ばなくなったから近視になる」という事実がわかったのです。

ユヴァル・ノア・ハラリ氏の著作『サピエンス全史』によると、およそ20万年前に東アフリカでホモ・サピエンスが誕生しました。それ以来、人類はつい最近までほとんど全員が遠視だったことがわかっています。

当時の人類は、採集狩猟民族で日中はほとんど外にいました。つまり、物理的に外に出ていたのです（ゴーアウトしていた）。狩猟するには遠くにいる獲物が見えなければなりませんし、危害を加えられる恐れのあるトラなどの猛獣がいたら逃げなければなりません。もちろん、獲物を見つけなければならないから、なるべく遠くが見えたほうが生存確率が高かったのです。まだ文字はなかったので、近くを凝視する必要性はとくにありませんでした。

植物の栽培化と動物の家畜化（農業革命）が始まり、永続的な定住が始まった1万2000年ほど前に、住居らしいものが建ち始めます。人類は住居らしいものに入りますが、とはいえ農耕や牧畜をするには外に出ている必要があります。

およそ200年前、欧州で産業革命が起こります。工場を中核とした都市に人が集まり始め、人類はその周辺に建てた住居のなかに入り始めます。都市化と人口集中が進むにつれて、少しずつ近視が増えていきました。日本でも、産業が発展していく明治維新以降に、少しずつ近視が増え始めます。

エアコンが登場したのは、およそ100年前です。

当時はごく一部の家庭にしか入りませんでしたが、約50年前には一般家庭にもエアコンが普及し始めます。暑さ寒さをしのげるエアコンによって家のなかが快適な空間に変わり、人類は外にいる時間がさらに短くなっていきます。それにともなって、近視の比率は急激に高くなっていったのです。

近視の歴史は、人類の歴史上極めて浅いものでしかありません。その原因は文化文明の発展によって、人類が外から内に入ったことだとわかってきました。

逆に、外に出れば近視にならないと言えるのではないか。

そんな仮説を立てた台湾では、今から7年ほど前に、小学生を休み時間に外に出るようにするというプロジェクトを始めました。私の尊敬するドクター・ウーが台湾政府を動かし、法律を制定してまで徹底的にやったプロジェクトです。

このとき、親からは文句が出ました。外に出て蚊に刺されたらどうするのか、紫外線に当たったら体に悪いではないか。そうしたクレームを跳ね除け、近視になって失明するよりいいだろうと実現にこぎつけたのです。

すると、近視率は下がりました。

外に出ることが子どもにとっては近視予防にもっとも効果があることがわかってきました。この説は、世界中の研究者が同意しています。

多くの研究者は、そのことを証明しようとさまざまな仮説を打ち立てます。そのひとつが「外に出ると運動するから近視にならない」とする説です。

しかし、オーストラリアの疫学者キャサリン・ローズ氏が室内で運動する人の動態を調べたところ、いくら運動しても室内にいるかぎり近視になるという事実が証明されました。そのため、この仮説は却下されます。

次に出てきたのが、「外に出ると遠くを見るため近視にならない」とする説です。

この仮説を立証しようと、中国の研究者が動きました。近くの指を見て、その後に遠くの景色を見るという遠近の焦点を交互に繰り返す動作の実証実験を、中国の利点を生かして数千万人レベルで行いました。

ところが、近視になる人の比率はその動作をしなかった人とほぼ変わらず、効果があったとは言えませんでした。かつては、近視改善のために遠くを見るという言説が中心でしたが、現在ではその効果はほとんどないと考えられています。

さらに、「外のほうが明るいから近視にならない」とする説です。

私たちは、室内にいるときに電燈の光を明るいと感じています。しかし、さんさんと降り注ぐ日光の光を浴びる外から突然室内に入ったら、普段明るいと感じていた電燈の光が暗く感じます。これは、人間が室内の光に順応しているから明るく感じるだけであって、明るさを表す単位「ルクス」で比較すると、室内よりも外のほうがはるかに明るいためです。

この仮説、つまり「視覚型の光受容体を介し、たくさんの光が目に入ると近視が予防できる」とする仮説は、現在でも依然として留保されています。

図7　9つあるヒトの光受容体

名称	活性化波長	
OPN 2	Green	視覚型光受容体
OPN 1G	Green	
OPN 1R	Red	
OPN 1B	Blue	
OPN 3	Blue	非視覚型光受容体
OPN 4	Blue	
OPN 5	Violet	
RHR	Blue	
RGR	Blue	

もうひとつは「外には室内にはない特定波長の光があるため、外にいればその光を浴びるため近視にならない」とする仮説です。

それまで、その特定波長の光は誰にも見つけられませんでした。ついに見つけたのが慶應義塾大学の眼科教室で、それは「バイオレットライト」と名づけられました。外と部屋のなかでは明るさが違うだけでなく、光の要素が違うということがわかったのです。

このバイオレットライトは、太陽光に含まれる紫の光で、360〜400ナノメーターの波長の光です。

色が問題なのではなく、この波長帯の光がOPN5という「非視覚型光受容体（オプシン）」を刺激することが大変注目を集めています。

光を感知する受容体には「視覚型光受容体」と呼ばれる領域があり、これが上から「OPN2」「OPN1Gグリーン」「OPN1Rレッド」「OPN1Bブルー」と並んでいます。そのほかに「非視覚型光受容体」があり、これは上から「OPN3」「OPN4」「OPN5」「RHR」「RGR」と並んでいます（図7）。

見るための光は視覚型光受容体で、非視覚型光受容体は生存するために必要なものです。体を健康にするために役に立つものでもあります。あなたの脳を活性化するため、極端に言えば頭をよくするためにも役に立っています。私は、外に出れば頭がよくなるし、キャリアがよりよくなると信じています。

なぜなら、人間にとってもっとも重要なのは、脳の働きだからです。

ところで、この「OPN3」「OPN4」「RHR」「RGR」は、すべてブルーライトで活性化されます。世間で言うところの「ブルーライト問題」は、このブルーライトを「悪いもの」だとする誤解です。ブルーライトそのものは、決して悪いものではないのです。

そもそも光は太陽光ですから、昼間しか存在しないはずです。つまり、昼間の明るいところでブルーライトから刺激を受けても、何ら問題はありません。言い方を変えれば、ブルーライトによる刺激は昼間しか受けてはいけないのです。

ところが、スマートフォンやパソコンなどから出る光などにより、夜でもブルーライトからの刺激を受けてしまうから問題が起こるのです。それは、目が冴えて眠れなくなったり、良質の睡眠がとれずに睡眠不足になったり、時間通りに起きられずに学校に行けなくなったりするという弊害です。

スマートフォンなどによるブルーライト問題で不登校になっている児童生徒は、およそ100万人にのぼると言われています。浴びてはいけない時間に浴びるから問題になっているだけで、本来ブルーライトは脳を活性化する重要な光なのです。

そうしたなか、「OPN5」だけがブルーライトではなくバイオレットライトで活性化することが、2010年に京都大学の山下教授らによって発見されました。その後、慶應義塾大学医学部眼科教室が2017年にバイオレットライトが近視と関係があることを突き止め、2021年にはそれが「OPN5」を介していることを見つけました。

つまり、「OPN5」が活性化すると目の血流がよくなり、近視が予防できることがわかったのです。

近年の研究で、近視は「目の虚血」ということがわかってきました。虚血とは、血の巡りが悪いことです。

近くのものを見ることは、足で言えば正座をしている状態と同じです。長い時間正座をしていると、血の巡りが悪くなって「足がしびれた」状態になります。

仮に毎日8時間正座していたら、どうなると思いますか。

それが1日だけならしびれるだけで済むと思いますが、それを1ヵ月間続けたら血の巡りが悪くなり、しびれるどころか足の筋肉に支障をきたすでしょう。その状態が近視なのです。

外に出てバイオレットライトを浴びれば、運動しているのと同じように目の血の巡りをよくしてくれます。外に出ることは目の運動であり、それが「OPN5」を介していたというのが私たちの発見でした。

外に出ること、つまりゴーアウトすることは、一義的には目の血流が良くなることで、人間の健康に好影響をもたらすのです。

健康は外に出ることからはじまる

外に出ることは、子どもの近視予防だけに効果があるわけではありません。大人の世界では、うつ病や認知症の改善効果があることもわかっています。

目と脳は中枢神経系であるため、目の血流が上がれば、脳の血流も上がるのではないだろうか。

そうした仮説を立て、慶應義塾大学医学部の研究グループが調べてみると、まさに脳の血流が上がることがわかりました。ネズミのうつ病モデルや認知症モデルをつくり、それにバイオレットライトを当てると記憶力やうつ状態が改善することがわかったのです。これは、脳の血流が良くなった効果です。

私は坪田ラボで開発したバイオレットライトを発生させるメガネを常にかけています。そのおかげで、脳の血流がよくなったと感じています（※個人の感想です）。

62歳になってMBAを取るために慶應義塾大学のビジネススクールに入りましたが、60歳を超えると低下すると言われる記憶力が、まったく悪くならなかったからです。

平均年齢44歳のグループのなかで、むしろ私がいちばんよかったのではないかと勝手に思っています。このように、物理的に外に出る（ゴーアウトする）ことは、脳にとっても極めて重要な行動なのです。

スウェーデンでは、国内に30万人いるゴルファーとゴルフをしない人の平均寿命を比較した研究が行われました。その結果、ゴルファーの平均寿命のほうが5年も長いという研究結果が出たといいます。それだけでなく、認知症の発症も少ないことがわかっています。

私の考えるところでは、まさにバイオレットライトの効果です。ゴルフを1ラウンド回ると、少なくとも4、5時間は外にいることになります。バイオレットライトを浴びる量は、ゴルフをしない人より極めて多くなるからです。

現在、日本ではコロナ禍によって以前と比較して高齢者が外に出る時間が短くなっているといいます。その結果、うつ病の発症が急激に増えているそうです。外に出てゲートボールなどを楽しんでいる高齢者のほうが、家のなかで閉じこもっている高齢者に比べて健康である理由は、運動していることに加え、外に出てバイオレットライトを浴びることが極めて重要だと考えられるのです。

そもそも人類は、多くの遺伝子と自分のライフスタイルのミスマッチによって生活習慣病をつくってきました。

20万年前にホモ・サピエンスが東アフリカで生まれたときは、狩猟採集民族で、肉とナッツが食糧の主体だったため、炭水化物はほとんど摂取されていませんでした。小麦の栽培や稲作が始まったのはおよそ1万年前。食事によって血糖値が急激に上昇することもないため、糖尿病もありませんでした。

狩猟と採集が中心の文化だったため、1日に20キロほど走っていたと言われています。そのため、運動不足による肥満もありません。そもそも食料が少なく、現在のように飽食ではないため、生きながらにしてダイエットをしているようなものだったのです。

電気がなかった当時は、陽が沈むとともに1日のさまざまな活動は終わります。睡眠時間は十分で、睡眠障害などもありませんでした。

人類は、産業革命以降、それまでのように外に出なくなりました。部屋のなかにいることが、新しい生活習慣病を引き起こしていると考えられます。そのの明確なエビデンスはこれから明らかになっていくでしょうが、急激に増えている近視をはじめ、うつ病や認知症の原因になっていることは、ほぼ間違いのない事実です。

人間の血流は交感神経と副交感神経でコントロールされていて、バイオレットライトは副交感神経を優位にさせる働きがあります。ネズミを使った実験でも、人間の実験でも、目と脳の血流が上がることが確認されています。

これまでの研究で、うつ病や認知症の最初のサインは脳の血流が下がることだと考えられています。だからこそ、血流を保持することは極めて重要なのです。

よく考えてみれば、血の巡りが悪いことは、人間の体にとってどう見ても良いことではなさそうです。モチベーションや注意力と血流の関係に関する研究はまだ確立されていませんが、血流が上がったほうがモチベーションが高まり、やる気が出る可能性は高いと私は考えています。

バイオレットライト以外にも、陽の光によって人間の皮膚ではビタミンDが生成されることがわかっています。

現在のほとんどの日本人女性は、ビタミンDが不足しています。私はビタミンDの専門家ではありませんが、ビタミンDが不足するとうつ病やがんになりやすく、自己免疫疾患になりやすいことがわかっています。陽の光を浴びるのは、バイオレットライト以外にも効果があるのです。

ある研究によると、太陽光を浴びる女性のほうが浴びない人より長生きで、皮膚がん以外のすべてのがんの発生率が低いというデータがあります。皮膚がんやお肌のケアは考えなければなりませんが、外に出ること自体に健康上の価値があることは間違いなさそうです。

私は外出をするとき、ある目的地にたどり着くためにビルなどの建物のなかを通るコースと、建物の外を歩くコースがある場合は、必ず外を歩いています。真夏の暑さや真冬の寒さはこたえますが、外を歩くほうが健康に良いことがわかっているので、それを習慣にしています。

多くの人は、エスカレーターやエレベーターを使うより、階段で昇り降りしたほうが健康に良いことを知っています。それと同様に、建物のなかを歩くより外を歩いたほうが健康に良いことを、少なくとも知識としては持っておいて損はないと思います。

そして、無理のない範囲で可能な限り、ぜひとも実行してください。実行するかしないかによって、健康状態が明らかに変わってきます。健康状態が良いほうに変われば、人生は豊かになります。そこまで変われば、その変化がキャリアにも関係してくることがわかっていただけると思います。

さて、ゴーアウトして外を歩くときも、漫然と歩いているだけではバイオレットライトは目に入ってきません。歩くときの「目線」が重要です。

うつむき加減で下を向いて歩く場合と、胸を張ってやや上を向いて歩く場合を比較すると、バイオレットライトが目に入る量が数倍違います。本当のことを言えば、上を向いて歩いたほうがもっとも効果的に入ってきます。

しかし、それは不可能です。何よりも危険ですし、歩く方向を確認するために、いちいち前を見たり上を見たりしなければならず、極めて歩きにくい。

私の場合は、30度上方を向いて歩きます。足元は直接見えなくなりますが、このやり方に熟練しているので、周辺視野だけで歩けるようになっているからです。これまでは車が通るたびに視線を車に向けなければなりませんでしたが、今はそれをしなくても安全性を担保することができます。

とはいえ、慣れるまでは危険なので、みなさんはまっすぐ前を見るよりもやや上方を見て歩くことから始めてください。角度にして5度、陽の光が目に射し込む違いを意識しながら歩いてみてください。

部屋のなかにいるときでも、バイオレットライトを効果的に目に入れる方法があります。前提は、窓のそばにいることです。しかも、南向きの窓と北向きの窓ではバイオレットライトの量が違います。できるだけ南向きの窓のそばにいるように心がけてください。

ただ、最近の窓ガラスは紫外線がカットされる優れものです。窓を閉めていると、バイオレットライトも入ってきません。南側の窓を開け、窓から顔を出すようにしながら外を見るようにしてください。

日焼けを気にする女性は、外に出て日陰にいるだけでも効果はあります。日陰は暗そうに見えて、およそ1000ルクス程度の光があります。バイオレットライトで言えば、50マイクロワット／平方㎝の量が降り注いでいます。その程度の量でも浴びないよりは効果があると言われているので、お肌の状態に気をつけながら、ゴーアウトするようにしてください。

家のなかは、人間にとってはコンフォートゾーンです。そこからゴーアウトしようとすると、日焼けというリスクもあれば、もしかしたら、車にひかれるリスク、看板が落ちてくるリスク、暴漢に襲われるリスクなども考えられます。

それでも、私はゴーアウトしたほうがいいと思います。

大陸から渡ってきた人類は、外にいることから始まりました。多少のリスクに気をつけながら、コンフォートゾーンから出てみてはいかがでしょうか。

会いたい人に会いに行く

私が妻と出会ったのは、いわゆる「ナンパ」です。

18歳になって自動車教習所に通っていたときに、隣でお茶を飲んでいたかわいい女性が妻だったのです。

私にとって、もっとも安全なコンフォートゾーンは「声をかけない」ことです。いたずらに声をかけて、その女性に「やめてください」と大声で怒鳴られたりしたら、恥をかいてしまいます。また、「あなたなんか嫌よ」と拒絶されたら、私自身の自尊心が傷ついてしまいます。

それでも、私はコンフォートゾーンからゴーアウトし、リスクを冒して新しい友だちをつくることを選択しました。

ナンパというと誤解されそうですが、自分のコンフォートゾーンからゴーアウトして知らない人と友だちになる力は、これからの人生を生き抜いていくうえで非常に大切なものになると思います。

人間にとって究極のコンフォートゾーンは、母親の子宮のなかです。私たちは、そのコンフォートゾーンを出て社会という荒波にゴーアウトしてきたわけです。もともと備わっているゴーアウトする資質を改めて意識し、興味を持った人と友だちになる努力をしてみてはいかがでしょうか。

冒頭で、私は読書をする習慣があると言いました。

あらゆるジャンルの本を読みますが、ただ読んで終わりにするだけでなく、面白いと思った著者、興味を惹かれた著者に会いに行こうとします。医師という仕事柄、さまざまな論文も読みます。その論に感動したら、躊躇なく会いに行きます。

医師としてようやく一人前になった30代のころ、コンサルティング会社船井総合研究所（現船井総研ホールディングス）の創業者、船井幸雄さんの書いた『ベイシック経営のすすめ』という本を読みました。その内容に興味を惹かれ、どうしても会って話がしたいと考えます。

もちろん、伝手はありません。私は船井さん宛の手紙を書き、船井総研に送ったうえでアポイントを取ろうと電話をかけます。すると、幸運にも会っていただけるとの返事がありました。実際にお会いし、思う存分お話ししたことを覚えています。

船井さんとお会いしたあと、そこから枝分かれしてたくさんの人にお会いすることができ、自分の交友範囲が広がりました。あのとき船井さんに会いに行っていなければ、現在の私の交友関係は構築できていなかったかもしれません。

2012年にノーベル生理学賞・医学賞を受賞した山中伸弥さんも、論文を読んで感動し、講演会を聞きに行ったことが始まりです。

新宿の京王プラザホテルで開かれた講演会では、最前列で山中さんの話を聞きました。そこでも感動し、講演を終えて壇上から下りてきた山中さんをつかまえてこう声をかけました。


「先生のお話に感動したので、お茶でも飲みませんか」


私が名乗ると、たまたま山中さんも私の本を読んでくださっていました。「坪田先生の本よかったですよ」。連れ立ってホテルの2階にあるラウンジに行き、30分ほどお茶を飲みながらお話ししたのが最初のきっかけでした。

私が山中さんを「ナンパ」して快諾していただいたのは、私も慶應義塾大学医学部教授という立場で、本を書いたりする機会に恵まれていたからだという人がいるかもしれません。興味があるのに会いに行くことを躊躇する人の多くは、特別な人だから会ってくれるのだと言い訳をしているところがあります。

「自分なんか無名だから会ってもらえない」

そこで諦めてしまうのです。

私も今でこそ大学教授という立場を得て、起業家として会社を設立し、本を執筆する機会に恵まれています。しかし、船井さんにお会いしたのは海外留学から帰ってきたばかりの何者でもない時期でしたし、研修医になったばかりの若いころも、今と同じような考え方、行動をしていました。自分の地位や立場を理由にゴーアウトしないのは、ほとんど理由にはならないのです。

もちろん、会いたいと思ってアプローチしても、会ってもらえないケースも数多くあります。現在の私もそれは変わりません。

本書の冒頭でも引用させていただいた早稲田大学ビジネススクール教授の入山章栄さんも、ベストセラーとなった『世界標準の経営学』を読んで感動し、すぐにメールをしました。コロナ禍だったため直接会うことはできず、ウェブで一度だけ30分という短い時間をいただきました。そのときに、直接お会いしてお話ししたいと申し入れたのですが、なかなか会うことは叶いませんでした。ようやく2年越しに直接お会いする機会に恵まれたときには、感激しました。

エッセイストの竹内久美子さんもそうです。1991年、今から30年以上前に出版された『そんなバカな！　遺伝子と神について』という本を読み、ぜひともお話をお伺いしたいと思いました。何とかお会いできないかと、3回か4回ほど「ラブレター」を書きましたが、なかなかうまくいきませんでした。それから32年もたって「大人のラヂオ」で竹内久美子さんに出演依頼をお送りしたところ、出演を快諾いただき、お会いすることが叶いました。

会いたい人は海外にも及びます。

ドライアイの研究をしていた2000年のことです。

ドライアイとは目の涙が出てこないことなので、水の移動と関係するのではないかと考えていました。でも、細胞膜は油でできているため水が通りません。それが不思議でした。

そのころ、ジョンズ・ホプキンス大学のピーター・アグレ教授が、細胞膜にある「アクアポリン」という水のための特別なトンネルがあることを発見していました。その論文を読んで感動した私は、アメリカのジョンズ・ホプキンス大学に行き、先生と共同研究を始めました。会いたい人に会いに行き、一緒に研究を始めたのです。

そして、「シェーグレン症候群」というドライアイの病気が、「アクアポリン5」という水チャネルの異常であることを2001年に見つけ、「ランセット」というジャーナルに共著で発表しました。

その2年後の秋、彼から電話がかかってきました。なんとノーベル賞を取ったというのです。そればかりか、ストックホルムでの授賞式に来ないかと誘われたのです。これには驚きました。私は彼の好意を受け、ストックホルムに行って受賞講演を聞きました。あのときの共同研究について話してくれたのが、とても嬉しかったのを覚えています。

現在アプローチ中なのは、ドキュメンタリー映画を制作している、アメリカのマイケル・ムーア監督です。彼の作品『シッコ』を見て大好きになりました。仕事でニューヨークに行く機会を得るたびに会いたい旨を伝えていますが、現時点ではまだ会えていません。

それまでまったく知らない人に会うわけですから、何らかの伝手がない限り失敗す

図8　会いたい人と自分のいる位置

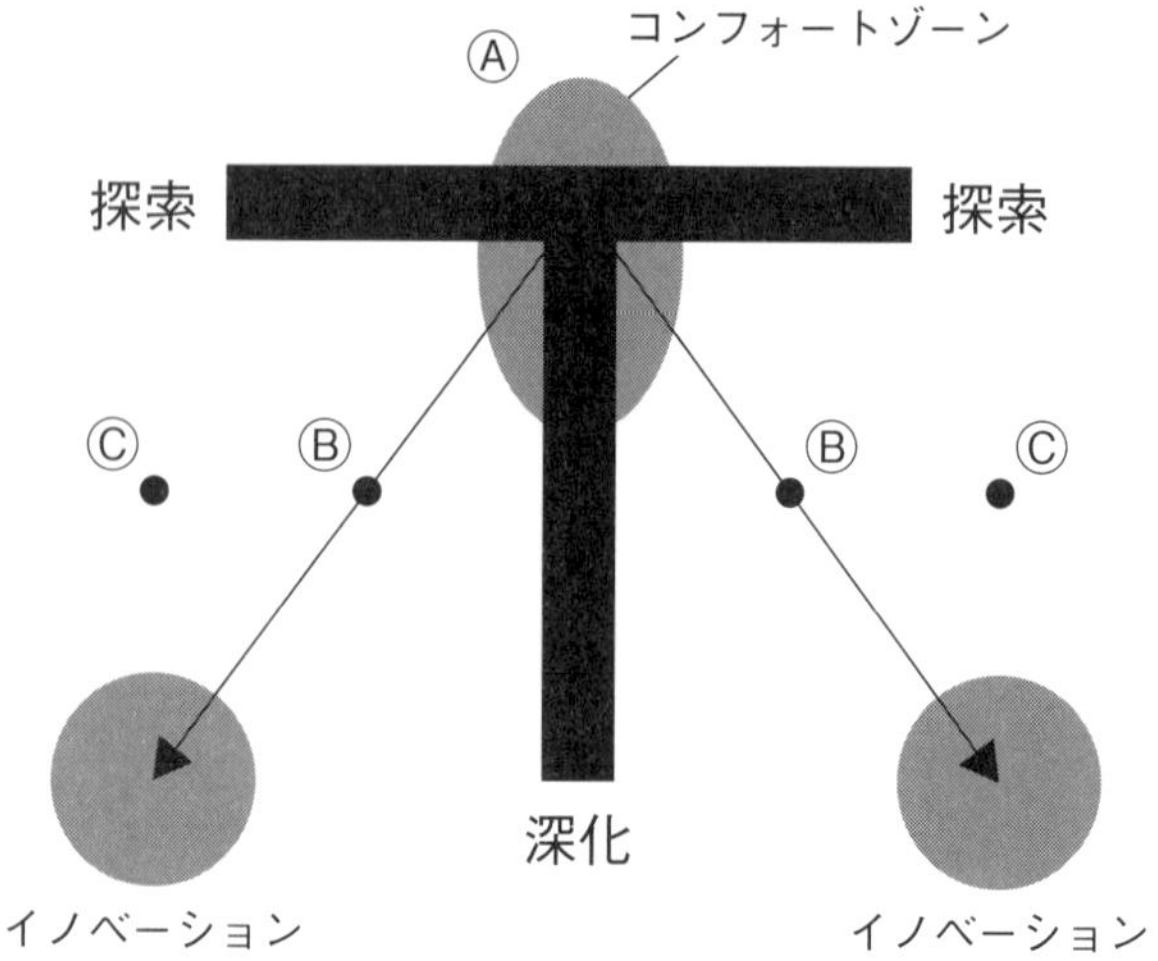

るのは当然です。それはお願いするほうが有名であろうと無名であろうと、相手からすればほとんど変わりません。でも、私は諦めるのは本意ではありません。

先ほどの「自分は無名だから会ってもらえない」と考えることこそ、コンフォートゾーンに安住している証拠です。そこからゴーアウトしない限り、会いたい人に会えることは決してありません。

そもそも、私の考え方は「積み上げ理論」ではありません。

たとえば、あなたが図8のⒶにいるとしましょう。対して、私坪田がいるのはⒷと仮定します。会いたい人が仮にⒸにいるとしたら、「自分は無名だから会ってもらえない」と考えるあなたはこう言うのではないでしょうか。

「坪田先生は、会いたい人が近くにいるから会いに行けるのです。私は、遠いから会いに行けません」

この考え方を「積み上げ理論」といいます。この考え方を信奉する人たちは「あなたは何ができますか」という質問を好みます。つまり、私の実力からするとこのレベルまではいけますという「できますゾーン」を持っているのです。この「できますゾーン」は、まさにコンフォートゾーンにほかなりません。

これに対し、私はこう考えます。

「できる、できないは関係ない。やりたいか、やりたくないかで考える」

Ⓐにいたとしても、会いたいと思ったら会おうと努力します。確たる方法はわかりませんが、遠くても近くても諦める選択肢はありません。

少しの「親しい関係」とたくさんの「緩いつながり」をつくる

私は2015年に起業し、坪田ラボという会社を立ち上げました。まだ実績も挙げていないうちから、IPO（株式公開）しようと考えます。IPOが何たるかは、それほど詳しく知りませんでした。できるかどうかもわかりません。でもIPOは格好いいらしいという思いだけで、知らないこと、できないことは後で埋めていけばいいと考えたのです。

持っているのは、ゴーアウトの概念だけだと思います。偉いとか、年齢が高いからとか、実績を挙げているからとか、そんなことは関係ありません。

もちろん、会いたいからといって実際に会える確率は3割かもしれません。それでも、10回会おうと行動したなかで3回でも会えるとしたら、それだけで十分ではないでしょうか。

とはいえ、10回会おうとして1回会えるかどうかというレベルでは、人は諦めてしまいます。そこには、ある程度のテクニックが必要です。

私は、毎年年賀状に10のやりたいこと、やろうとしていることを書きます。ただ、その実現可能性は一様ではありません。

1、2、3には、ほぼ成功する「バントネタ」を書きます。

4、5、6には、成功確率50%のストレッチした「ヒットネタ」を書きます。

7、8、9には、成功確率10%の「ホームランネタ」を書きます。

そして10には、成功確率がごくわずかの「大ホームランネタ」を書きます。

バントネタは、自分のコンフォートゾーンの範囲内です。コンフォートゾーンでのことですから、ほとんどが成功します。バントネタで成功が手にできないと、人間は前に進めないからです。深化が必要な背景には、こういう側面もあるのです。

一方、私が会いたいマイケル・ムーア監督などは大ホームランネタです。失敗は折り込み済みなので、いつでも挑戦できるのです。

具体的には、1ヵ月にひとり興味を惹かれた人に会いに行くと決めています。おおむね年間12人を目安にしています。その対象は、自分のアンテナに引っかかってきた人でかまいません。有名であろうと無名であろうと、会いやすかろうと会いにくかろうと、自分の興味関心が唯一の基準です。

その点では、自分の興味関心を人に言って回ることは重要かもしれません。いろいろな人に言っていると、会いたい人につながっている人が出てくることがよくあります。私が30歳という医師としてはかなり早い段階でハーバード大学に留学できたのも、留学したいと言い続けていたら、ある尊敬する眼科の先生が「坪田くん、ボストンでスーザン・オークさんという先生が研究者を探しているよ」という情報を教えてくれたからです。その情報がなければ、30歳で留学できていたかどうかわかりません。

最近の関係性理論によると、人間の友だちには2種類あるそうです。

この人が私の親友だと呼べるような、数十年来の友人が3人から5人いると、幸せ度が高いといいます。ただ、そういう友だちが常に新しい情報を持ってきてくれるわけではありません。新しい情報は、緩い関係の人が持ってきてくれる。この緩い関係の人は、150人から800人ぐらいまでは対応できると言われています。

転職や結婚や就職などを決めるにあたって、たとえば父親が教えてくれたと答える人はあまりいません。たまたまお葬式で会ったおじさんに教えてもらった、知り合いの友だちが「こういう面白いところがあったよ」と言ってくれたなど、緩い関係の人が情報を持ってきてくれる。だからこそ、親しい関係と緩い関係を両方持つ必要があるというのが今の関係性理論です。興味深い人に会いに行くのは、自分にとっての緩い関係を広げていくということなのです。

緩い関係は、ビジネスパーソンであれば、きっとある程度は持っていることでしょう。ただ、広い意味では仕事上の関係も含まれますが、仮に転職したり、部署が変わり仕事が変わったとたんに断ち切れてしまう関係は含まれません。ゴーアウトの基本となる探索と深化の関係と同じように、探索によって緩い関係ができたら、それを深化させる行動も必要になります。

たとえば、ビジネスパーソンがセミナーや講演会に行って情報を得ようとします。あるいは異業種交流会などで人脈をつくろうとします。緩い関係からの情報が重要だという観点に立てば、その行動は大切です。そういう会に参加してゴーアウトしようとしているわけですから、その点では評価できる行動だと思います。

ただ、一度名刺交換をしただけで緩い関係ができたと思うのは間違いです。

そこできっかけをつくり、名刺コレクターで終わるのではなく、何らかのコミュニケーションを取って継続させていくことで、緩い関係として定着するのです。

よく言われているのは、緩い関係性は3回会ってようやく構築できるという考え方です。そうしなければ、本当の意味で顔と名前が一致しないからです。少なくとも、顔と名前が一致した人を緩い関係と呼べるのだと思います。

その点では、ＳＮＳも緩い関係を構築するうえでは重要なツールです。

私はやっていませんが、Facebookで「友だち」になり、メッセンジャーで会いたい旨を伝えることで、少なくともこちらのメッセージは伝わるでしょう。サイエンス仲間では、LinkedInの使い勝手がいいと評判です。Facebookは幼馴染や家族がコミュニティに入っていることも少なくありませんが、LinkedInは基本的にビジネス上のつながりが中心なので、より攻めたアプローチができるのではないでしょうか。ＳＮＳを駆使して、探索の旅に出るのもいいと思います。

ただし、近しい人でも、進化している人がいます。深化ではなく、進化している人です。

たとえば、ごく近しい人がいつの間にか慶應義塾大学大学院経営管理研究科が主宰するビジネススクールのエグゼクティブＭＢＡ（ＥＭＢＡ）に入学したと聞き、それに刺激を受けて翌年私も入学しました。

新しい情報を持ってきてくれる人は、必ずしも外側の緩い関係の人だけとは限りません。近くの親しい人の変化にも、目を向ける必要があるのです。

では、会いに行って何を話せばいいのでしょうか。

話題の内容よりも、まったく知らない人と1時間話せる能力が問われます。その相手がどのようなことに興味を持っているかわからないので、会ってすぐに双方が話せる話題がなければ会話が続きません。

すでに触れたように、どのようなボールが来ても打ち返せるだけの引き出しを用意しておくことが大切です。それは読書であり、数多くの経験値であり、ゴーアウトして常に深く考える癖をつけておくことから得られるものです。

まずは、自分についてのプレゼンができることが最低条件といえます。

相手は自分のことを知りません。しかも、短い時間で相手に自分という人間に興味を持ってもらわなければ、次に会う機会は閉ざされてしまいます。相手によって会える時間が変わってくるので、10分、5分、1分と、どのような時間枠でもプレゼンができるようにしておくとよいでしょう。

会いに行くことを躊躇うのは、会話が続かない不安、相手にバカだと思われることに対する恐怖です。自分のなかに引き出しを蓄え、自分自身を語れるようになっておけば、断られるかもしれない不安は依然としてあるにせよ、会話が続かない不安やバ力だと思われるかもしれない恐怖は軽減するはずです。そうすれば、ゴーアウトすることを躊躇するハードルも低くなるのではないでしょうか。

ただし、その準備を過度に高く設定するのは意味がありません。準備をするより経験を積むことのほうが大切なので、ぜひとも場数を踏んでみてください。

意外な人と友だちになることで広がる意外な可能性

2009年、あるところでJINSの田中仁社長と出会いました。

それまで、まったく接点はありません。眼科医と眼鏡屋さんは、接点があるようでないのが実情です。結びつけてくださったのは、古くから関係のある製薬会社の方です。たまたまJINSの社外取締役も務めておられて、田中社長がその方にこんな要望をされたのがことの始まりです。

「眼科医のなかで、面白い人に会いたい」

この出会いは、私ではなく田中さんがゴーアウトし、私に会いたがったのが始まりだったのです。製薬会社の方は、日本の眼科の教授のなかでもっとも面白いのは坪田先生だと紹介してくださり、田中さんとの出会いが実現します。

このような異なる分野の人と出会うことで、「ジンズ・モイスチャー」という保湿メガネが生まれました。さらに、ブルーライト問題は田中社長が共通の知人を介して私に教えてくれました。そこから知識を深化させていったのです。

私が参加する「日本抗加齢医学会」には、デビッド・A・シンクレアという世界的に著名な科学者がいます。シンクレア教授はハーバード大学医学大学院教授を務め、老化の原因の解明と若返りの方法に関する研究で高く評価されている人物です。2019年には全米でベストセラーとなった『LIFESPAN』という本を書き、2021年の坪田ラボのアニュアルレポートの巻頭特別対談に出てくれました。

シンクレア教授を知ったのは、私がアンチエイジングの勉強をし始めたときのことです。この領域でトップの人材がシンクレア教授だったため、私は猛烈にシンクレア教授に会いたくなりました。

ただ、案の定ルートはありません。そこで、論文に書いてあるメールアドレス、つまり誰でもコンタクトできるルートを使って連絡します。日本で講演し、私と話してほしいと頼むつもりでした。

ところが、残念ながら「忙しくて行けない」という返事が返ってきます。

しかし、その代わりにシンクレア教授の師匠にあたるマサチューセッツ工科大学のレニー・ガランテ教授を紹介してくれました。日本に来られたガランテ教授とお話しすると、すぐさま意気投合します。後に紹介していただき、私はシンクレア教授とも仲良くなります。アンチエイジングの共同研究をしたり、アントレプレナーでもあるシンクレア教授には、坪田ラボの巻頭特集にも出ていただいたりしました。おふたりから得た刺激は、非常に大きいものがあります。

シンクレア教授とガランテ教授は研究分野の大家ですが、アンチエイジングの実践家としての大家にも話を聞きたいと考えました。

その分野の本を10冊、さらに、多くの論文を読み漁り、いろいろな著者や論文執筆者に会いに行きました。そのなかで、長寿を目指す「フロンティア・メディカル・インスティテュート」をアメリカ・デンバーに設立したテリー・グロスマン博士がとくにインパクトの強い存在でした。私はデンバーまで会いに行き、一緒に何かを始めることはできないか語り合います。ドクター・グロスマンとはその後20年来の友人となり、つい最近もデンバーに行って刺激を受けています。

私は、自分が「先生」と呼べるような人、未知の知識を広げてくれるような人を選んで会いに行っているところがあります。

もちろん、ゴーアウトするのはそういう人だけでなくてもかまいません。ただ、未知の出会いによって何かを生み出そうと考えるには、自分が知らない世界をのぞくことが必要だといえるかもしれません。

自分が起業してからも、その世界の「先生」に会いに行っています。

2023年現在、IPOを行った日本のバイオベンチャー企業は38社ありますが、そのうち黒字決算を実現しているのは7社だけです。7社のうちのひとつが坪田ラボですが、残りの6社のすべての社長に会いに行こうと決めました。

治療が困難な疾患に焦点を合わせた創薬を目指すシンバイオ製薬も、黒字ベンチャーのひとつです。吉田文紀社長にまだお会いしたことはありませんが、ぜひ会いたいと思っています。

同じ大学発のベンチャーという視点では、東京大学発の創薬ベンチャー企業ペプチドリームを起業した、東京大学教授の菅裕明教授にも会いに行きました。

現在、大学発ベンチャーでもっとも時価総額が高いのはペプチドリームです。一時期は7000億円まで時価総額が拡大しましたが、現在は3000億円から4000億円程度に落ち着いています。

私も慶應義塾大学発のベンチャーで、上場したいという目標を持っていました。同じ経緯で成功していたペプチドリームは最高のロールモデルです。同じ技術者としても、起業から成功するまでのストーリーをお聞きしたい。そう思い、まずは食事に誘いました。すっかり意気投合し、再び会食したり、講演を引き受けていただいたり、坪田ラボの上場をお祝いしていただいたり、さまざまな接点を継続しています。

菅教授との間で、コラボレーションによる新しい「何か」はまだ生まれていませんが、さまざまなビジネスモデルをご教示いただいたり、ベンチャーといえども最初から黒字を狙うことの重要性を教えていただいたりしました。

同時に、同じ大学発ベンチャーということで、菅教授のペプチドリームを抜くことが当面の私の目標になっています。

菅教授は、講演で印象に残る言葉を述べられました。

「異端は、認められたら先端になる」

ゴーアウトの本質を言い当てている言葉です。

異端と思われるのは、まだ世の中に認知されていない状態のものです。それが認められた途端に、イノベーションとみなされ、先端になるのです。

私も、この言葉に改めて自分の立ち位置を確認しました。それまではただの「へんな人」でしたが、それを貫いていけば、いつか最先端として認められる日が来るかもしれません。この言葉には本当に感激しています。

これまでお話ししてきたように、ゴーアウトして新しい人に出会い、探索して得たものと自ら深化させたものが出会い、結合し、新しい何かになる。離れたところにある知と知が結びついたときにイノベーションが起こると言ったのは、ヨーゼフ・シュンペーター氏でした。その結合によって新しいものを生み出す可能性を高めるのは、意外な人に会いに行くことから始まるのではないでしょうか。

シェアはすればするほど人の輪を広げる

冒頭にお話ししたように、私は読書好きなので、読み終えた本で誰かにお勧めしたいものがあればシェアすることがあります。

親しい人は言うに及ばず、新しく友だちになった人に会いに行くときにもシェアする意味で気に入った本を贈ります。プレゼントの代金としては、安いもので1500円から、高くても3000円程度で収まるので経済的ですし、相手に自分という人間がどのような本が好きなのかをプレゼンテーションできるメリットもあります。

私は自分のことを、経営者ではなく教育者ととらえています。したがって、こんな考え方のもと、日々の思考や行動を行っています。

「すべてのものは学ぶことができ、すべてのものは教えることができる」

「Teaching is learning(教えることは学ぶことであり、学ぶことは教えることにつながる)」

これまでお話ししてきたように、探索は選択肢を広げ、増やす効果があります。このシェアも、相手の選択肢を増やすことにひと役買うことになります。つまり、教育は知識のシェアと言えると考えています。私は、シェアすることによって学んでいるのかもしれません。

本をシェアするときも、もっとも重要な「テイクホームメッセージ（覚えてほしいこと）は何？」と聞かれることがわかっているから、それを確認するためにもう一度読み返します。復習することになるので、自分の知識の深化にもなります。深化しなければ、シェアすることもできません。

本をシェアすると、本を贈るという行為が、自分のなかで「この本は大事だ」という確認になります。少なくとも誰かに贈るためにもう一冊買っているうえ、復習を繰り返しているからです。その一連の記憶が定着し、プレゼントした本は著者名や内容を含めて忘れにくくなります。

そして、緩い関係の友人に選択肢を増やしてもらうことで、自分との結合の可能性を広げるとも考えられます。その意味では、ゴーアウトしてシェアすることを意識しながら、読書によって深化させることも自らを高める選択肢のひとつに入れてもいいのではないでしょうか。

それは、ベンチャー企業を起業したことにもあてはまります。坪田ラボを世界最高の模範になる会社につくり上げ、多くの人に「こうやって会社を興し、こうやって経営しようよ」と言いたいからです。まさに、これがシェアだと思っています。

今、坪田ラボはＩＰＯも実現し、会社経営が楽しくて仕方がありません。その思いをシェアする意味で、私が代表を務める慶應義塾大学医学部発ベンチャー協議会として、慶應義塾大学医学部から１００社のベンチャーをつくりＩＰＯまで持っていきたいと考えています。現在まで、18社のベンチャーが立ち上がっています。

そもそも、シェアは人類の普遍的な生存戦略ではないでしょうか。

人類はシェアすることによって、自分の生存確率を上げているのだと思います。たとえば食料を豊富に持っている人が、持たざる人にシェアするのは、万が一自分が持たざる者になったときにシェアしてくれる期待が持てるからです。まさに「情けは人のためならず」を体現しています。

あるいは、シェアは「ギブアンドテイク」でもあります。ギブは自分の深化にあたり、自分が持っている知識や知見を伝えるときに深化でき、テイクは相手が持っている情報をもらうことができます。シェアは、人間と人間との関係性を信じているからこそできることなのではないでしょうか。

また、シェアやプレゼントについては、もらった側は「報酬系」と呼ばれる脳の部位が活性化し、感情的には「嬉しい」と思います。100万円もらったら、100万円分の報酬系が活性化します。

最近の研究では、100万円渡したほうも報酬系が活性化することがわかってきました。もらった場合と同等かどうかはまだ研究の余地が残されていますが、同じように報酬系が活性化するのは間違いのないところです。莫大な寄付をしているマイクロソフトの創業者ビル・ゲイツ氏などは、自分がビジネスで儲かったときと同等の幸福感を味わっているということなのです。

シェアは「情けは人のためならず」と表現しましたが、物理的に返報が期待できるだけでなく、報酬系が活性化することによって脳科学的にも返報が行われる点も見逃せないのです。

さらに、シェアをすることでシェアした人のソーシャルキャピタルが上がり、その効果で自分にメリットが返ってくることもあります。

シェアや寄付をすると、手元からお金が出ていくので物理的にお金は損をすることになります。たとえば、私が坪田ラボのＩＰＯを実現できた今、それまで慶應義塾大学にお世話になった感謝の意味を込めて、ビジネススクールのEMBAに1000万円を寄付したとしましょう。私の手元からは1000万円がなくなりますが、「坪田はかつて世話になった所属先を忘れず、彼らのためになるような寄付をする人柄だ」というかたちで、私のソーシャルキャピタルは上がっていきます。

ソーシャルキャピタルが高い人に何らかの依頼をされたとき、ソーシャルキャピタルが高くない人に依頼されるより、相手は話を受け入れてくれやすいという研究もあります。そうなると、すべてが好循環に入り、シェアによってお金を使えば使うほど入ってくるお金も増えるかたちになっていくのです。

自分がシェアをして報酬系が活性化し、めぐりめぐって自分のメリットに結びつくことを、私は「ごきげんだからうまくいく」という概念で考えています。

誰かにシェアするとき、自分の気持ちが沈んでいてはなかなかできません。つまり不機嫌では報酬系は活性化しません。幸福感も感じなければ、ソーシャルキャピタルも上がりません。結果、好循環に入ることもありません。私の場合は、自分が不機嫌だと動きが止まってしまいます。ゴーアウトできないのです。

反対に、自分の気持ちが弾んでいれば、誰かに自分が良いと思ったものをシェアしたいと考える可能性は高まります。報酬系が活性化して幸福感を感じ、ソーシャルキャピタルも上がって自分に物理的なメリットが返ってくることもあります。たとえその循環が効率的ではなくても、「ごきげん」でさえいれば回り道をしたとしてもいつか望んだ道にたどりつく。そう考えてゴーアウトできるのです。どんなに外部環境が悪くても、自分がごきげんでさえあれば失速しません。

飛行機は、どんなに風が強くても、気流が悪くても、基本的には墜落しません。墜落するのは、失速するからです。

どんなに回り道をしても、自分が動き続けていれば絶対に失速しません。そのためには、動き続けるための心の持ちようを「ごきげん」にしておく必要があるのです。

ゴーアウトに必要なのは余裕の心

ゴーアウトは、余裕があり幸福を感じていないとできません。それは実験によっても明らかになっています。

ドライアイの研究に取り組んでいたとき、実験に使うために2種類のねずみを用意しました。

片方は、たった1匹で狭いケージに入れられ、仲間もなく、遊び道具もない環境で育てた「ふつうのねずみ」です。

もう片方は、大きなケージに6匹のねずみを入れました。そこにはくるくる回るおもちゃがあり、紙くずが置いてあるため、かくれんぼもできます。広いから走り回ることができ、回るおもちゃがあるから運動しようと思えば運動でき、仲間といっしょに遊ぶこともできます。これを「エンバイロンメンタルエンリッチメント（豊かな環境ネズミ）」と呼び、我々は「ごきげんねずみ」と定義しました。

実験では、狭い筒のなかにそれぞれのねずみを入れて動けないように固定し、風をあて「不機嫌ねずみ」にして、そのときの涙の量を計測します。

その結果、ふつうのねずみはドライアイになってしまいました。一方、エンバイロンメンタルエンリッチメントにいるねずみを一時的に実験装置に入れても、涙の量は減りませんでした。私たちの解釈は、エンバイロンメンタルエンリッチメントで育てられたごきげんねずみはレジリエンス（抵抗性・復元力）が強くなり、何があってもへこたれないというものでした。

ゴーアウトすると、雨も当たるかもしれませんし、さまざまな痛い目に遭うかもしれません。さまざまなリスクがあっても、それを乗り切れると考えられる強い意志と予測がなければ、なかなかゴーアウトできないかもしれません。

あるとき、慶應義塾大学医学部の学生からこんなことを聞かれました。

「坪田先生、先生は今でこそそうかもしれませんが、僕たちと同じ学生時代はどうだったのですか？」

私は学部の6年生のとき、試験で最下位を取ってしまいました。ヨット部とスキー部に在籍し、ブラジルでの医療支援にも行って学業に専念していなかったから当然の報いです。

それなのに、国家試験を受けるときに日本の医師免許とアメリカの医師免許を同時に取ってしまいました。

「どうしてそんなことができるのですか？　失敗する確率が高いじゃないですか」

学生は怪訝そうです。先ほど、年賀状に10のやりたいことを書くというお話をしました。この場合、日本の医師免許取得は「ヒットネタ」、アメリカの医師免許取得は「ホームランネタ」です。しっかりとそれを切り分け、ホームランネタのほうは失敗して当たり前という気持ちで臨みました。

つまり、アメリカの医師免許を取得するという私にとってのゴーアウトが、絶対に成功させなければならないという状況ではなかったのです。失敗してもいい、成功すれば儲けものという気楽な気持ちでいれば、気楽にゴーアウトできるはずです。

アメリカのシリコンバレーは、次のような考え方で動いています。

「Fail Fast, Fail Cheap」

早い段階で失敗し、損害を最小限で食い止めながら学ぶ。その学びを生かし、大きな成功を手にするという考え方です。

ゴーアウトは、まさにその考え方で臨んでみてください。失敗するのを恐れるのではなく、いつも成功するとは限らないという余裕を持つのです。たくさん失敗するということは、たくさんゴーアウトしたということ。まずはゴーアウトした自分を褒め、何度もゴーアウトしているうちに数打てば当たるという余裕を持ったスタンスで臨んでいただければと思います。

日本人は、失敗を恐れる傾向がとくに強いと思います。ゴーアウトすると失敗するかもしれないと思うから、なかなか踏み切れないのです。

これは、日本の教育にも関連してきます。

典型的な日本の教育は、「3＋3＝6」です。正解はひとつで、それ以外はあり得ないという考え方を教えます。それが根本から染みつき、正解を求めるから失敗を避けようとするのです。

しかし、「6」という答えを導くには幾通りもの考え方があります。「1＋5」「2＋4」「1×6」「2×3」など、さまざまな考え方があります。多数解があるという考え方、解がないものを考える訓練を受けていないから、どうしても唯一の正解を求めてしまう。成功だけが価値があり、失敗を毛嫌いする習慣が身についてしまったのです。

コンフォートゾーンを出るときは、リスクは避けられません。これははるか太古の昔から変わらない真実です。

いつまでもリスクのないコンフォートゾーンにいれば、心理的安全性は保たれ、傷つくことはありません。しかし、新しい展開は絶対に生まれません。これからの時代は、失敗を恐れることなく積極的にリスクを取るべきだといえるでしょう。


日本は農耕民族だったため、掟や慣習を破った者に課される「村八分」という制裁を恐れていました。田植えや収穫は、村民の協力なくしてできないからです。村八分にならないようにするにはどうするか。みんなに合わせ、変わったことをしないという不文律ができ上っていきます。

しかし、時代は変わりました。変なことをする、合わせない、空気を読めない人のほうが結果を出し、評価されているように思います。

ゴーアウトするとは、そういうことなのです。

「いわれなき万能感」がゴーアウトを促す

多くの人が恐れるリスクを因数分解すると、次の項目が挙げられます。

心理的リスク
経済的リスク
肉体的リスク
物理的リスク
社会的リスク
関係性リスク
時間的リスク

ほかにもさまざまなリスクがあると思いますが、主にこの七つでほとんどが網羅されています。試みに、私がＥＭＢＡに行くきっかけとなった場面で考えてみましょう。ゴーアウトを躊躇するに足るリスクがいくつも含まれています。

私は、ある知人がＥＭＢＡに通っていることを耳にしました。そのとき、私は「ぜひ私も行きたい」と思い、知人に伝えます。すると、その知人はこう言いました。

「仕事でも会っているのに、仕事のない土日までEMBAで会うなんていやだ」

それでも押し通したら、その知人から嫌われるかもしれません。嫌われてでも同じビジネススクールに通うべきでしょうか。これは関係性リスクです。

また、EMBAは2年間でおよそ700万円の受講料がかかります。そう簡単に決断できる金額ではありません。これは経済的リスクです。

さらに、このEMBAは土曜日と一部日曜日にも授業があるため、本来休むべき休日が失われます。これは時間的リスクと、休息を取れないために起こり得る肉体的リスクです。休日に家族と関われない関係性リスクもあります。

本業以外のことをやる場合、上司や同僚に「ちゃんと仕事をやっているのか」と思われるのではないかと不安になります。これは社会的リスクです。

EMBAに高額なお金を払って通っても、本当に役に立つのかという不安もついて回ります。これは心理的リスクです。私は62歳になっていたので、膨大な量の知識を記憶し思考することに耐えられるかという不安も心理的リスクに数えられます。

もともと腰痛持ちである私は、長時間の座学に耐えられるかという肉体的リスクもありました。

自分のことですが、これだけのリスクがありながら、基本的に「なんとかなるだろう」と考えていたふしがあります。しかも、そのリスクのひとつひとつに対して対応しようとしました。

たとえば、EMBAに通うとどのような意義があるのかについて医学部長や病院長に説明し、医学部長から推薦をもらいました。さらに、医局のメンバーに説明し、私がいない間の責任者として、当時准教授だった先生を半ば強引に教授に昇格してもらいました。イレギュラーなのですが、教授を2人体制にして臨むこととしたのです。

リスクを恐れる日本人は、そのリスクが目に見えないから不安になっているという考え方もあります。それをこのように洗い出し、リスクを埋めていくことでゴーアウトできるようになるかもしれません。

ただ、そこまで細かいところまで見えなくても、実は人類の多くが「何となく人生はうまくいく」と考える性質を備えているといいます。それを信じ、ゴーアウトしてもうまくいく、失敗しても死ぬことはないと余裕を持って考えればいいのです。

最近の研究からわかってきたのは、人類は自分を理解するのにバイアスがかかっているという仕組みです。これは、量子科学研究所開発機構の山田真希子先生の脳科学のある研究から明らかになりました。

脳には左脳と右脳があり、左脳はものごとを客観的に考え、右脳は主観的に考える機能を持っています。左脳と右脳双方を結ぶ「脳梁」がありますが、先生のグループによれば、正常な人はそこが切れているというのです。

たとえば60点が合格の試験で55点しか取れず、不合格になったとしましょう。その事実を左脳だけで考えると、不合格という事実を客観的にとらえ、自分はだめなやつだと落ち込んでうつ状態になってしまいます。

ただ、そのとき右脳では、同じ事実を主観的にとらえています。不合格だったけれども、あと5点取れば合格できる。次に頑張ればいいじゃないか。そんな解釈をしているのです。

みなさんも、失敗したときの自分の思考を振り返ってみてください。どこかで失敗に落ち込む自分と、それを肯定的にとらえて言い訳をしている自分がいたのではないでしょうか。

悪気はないのに、誰かを言葉で傷つけてしまったとしましょう。左脳では相手に消えることのない傷を与えてしまったことを気に病み、自分はなんという愚かなことをしてしまったのかと憔悴してしまいます。

しかし、右脳では「まあいいか、たぶん許してくれるだろう」という楽観的な気持ちが浮かんでいます。それが、平静を保てる源泉になっています。

このことは、決して悪いことではありません。

左脳と右脳が切り離されているからこそ、人間は正気を保っていられるのです。左脳と右脳がコネクトしてしまうと、否定的な考えばかりが脳を支配し、うつ病になるということが研究でわかってきました。

私のお世話になっている人が、こんな言葉をよく使います。


「いわれなき万能感」


根拠もないのに、なんとなく自分はうまくいくと思い込んでいる状態を表す言葉です。「ポジティブイリュージョン」「ポジティブバイアス」などといわれ、脳科学研究も進んでいます。

ほとんどの人がこの「いわれなき万能感」を持っていて、ある種の幻想のなかを生きています。

しかし、その幻想のなかを生きているからこそ、だめな自分を受け入れることができ、うつ状態を回避して前に進んでいけるのです。

そう考えると、脳機能として「いわれなき万能感」がある人間は、コンフォートゾーンから気楽にゴーアウトできるといえます。失敗したとしても、右脳が平静を保つバランサーとして機能してくれるからです。

コンフォートゾーンにいてもリスクはあるという現実

人類に等しく備わっているはずの「いわれなき万能感」ですが、それを持ちながらも日本人はゴーアウトできません。しないと言ったほうがいいかもしれない。それはなぜなのでしょうか。

それは、コンフォートゾーンにとどまっていることのほうが、リスクが少ないと考えているからです。

すでに触れたように、コンフォートゾーンは「安全圏」です。心地良く、かつ自分が危険に晒されることがなければ、無理に外に出ていこうとする意味はない。これまでは、この考え方が通用してきました。

しかし、この日本人の常識は、世界では非常識と変わりました。現在、そして将来になればよりいっそう、コンフォートゾーンにとどまっていることのほうがはるかにリスクが大きくなっていきます。そのリスクは、生存確率に関わるリスクです。

その認識さえあれば、もともと持っている「いわれなき万能感」を発動し、積極的にゴーアウトできるはずです。にもかかわらずゴーアウトしないのは、日本人がまだその環境変化に気づいていないということになります。

あるいは、気づいていながらも、なんとかなると思っているのかもしれません。その結果、日本には「失われた30年」が起こり、失われ続ける年数がさらに長くなっているのです。

現時点では、国家や地域の置かれた環境として「恵まれる」ことが期待できないアフリカ諸国やアジア諸国などは、このままコンフォートゾーンにとどまっていては絶対に未来の展望はないと思っています。だからこそ進んでゴーアウトし、海外に活路を見出す選択をしているのです。

景気が悪い、円安で厳しい状況に置かれているといっても、日本人が日本で生活している限り、飢餓や貧困で命の危機を感じることはほとんどないかもしれません。従来のような恵まれた環境ではなくなっていることは報道や実体験として感じ取っていても、自分の生活が危機感を覚えるほど変わっていないため、対岸の火事としてしかとらえていないのでしょう。

経営コンサルタントで経営共創基盤のCEOを務める冨山和彦さんが、日本人の状態をこう分析しています。

「高度成長の実現で大量生産型のビジネスモデルがうまくいってしまったため、ずっとそこにいることが安全で、外に出ることが危ないと思ってしまった。そのため、結局は出られないまま終わってしまった」

非常にわかりやすく、的確な分析です。

つまり、探索を行わず、深化の領域だけで最適化してきたのです。しかし、その意識のままゴーアウトせずにコンフォートゾーンに居続けるとどうなるでしょうか。多くの人が指摘していることですが、やがて取り返しのつかない状態まで悪化してしまうのは目に見えています。

ただし、日本人も積極的にゴーアウトしていた時期があります。それは明治維新後と戦後の復興期です。いずれも、何もない状態から欧米に追いつこうと必死だった時期です。まったく何もない状態に置かれれば、日本人も環境の変化を正しく認識し、ゴーアウトして探索するはずです。日本人だけに、そうした資質が備わっていないわけではないのです。

たとえば、ビジネスの現場で企業を牽引する立場にいる40代後半から50代前半の人たちは、本当は自分たちがゴーアウトしなければならないことをわかっています。

しかし、そこで立ちはだかるのが「逃げ切り論」です。

40代後半から50代前半の人は、おおむね10年も経てば、つつがなくサラリーマン生活を終えられると本音のところで考えています。いまさらリスクを冒してゴーアウトするのは、勇気もなく意味も見出していません。

驚くことに、ビジネススクールでイノベーションを学びに来ているビジネスパーソンでさえ、そう考えているのです。

表面上、彼らは従来の仕組みや構造にとらわれずに新しい仕組みや構造を再構築しようと学び、それを企業に持ち帰って組織として「イノベーション推進部」などの部署を立ち上げています。それを足がかりにイノベーションを起こそうという動きをしていますが、そうは言いながらも、心の底では「何もしなくても大丈夫」と考えている自分を意識しながら、ビジネスパーソンという立場を続けています。

ある知り合いは、もともとは新聞社に記者として勤務していました。しかし、あるとき新聞の未来に絶望してゴーアウトし、現在はマーケティング関連の仕事に就いています。その人の50代の元同僚や先輩たちは、ほとんどがそのような意識で仕事をしているといいます。

彼らも「あと○年だから」と逃げ切ろうとしているようですが、人生100年時代に突入した今、しかもシングルステージではなくマルチステージになろうとしている今、とても逃げ切れるものではないでしょう。

あと5年勤務し続ければ、60歳の定年を迎え、そのときの退職金が1500万円だとしましょう。しかし今、辞めたら、それが1000万円を切る金額にしかなりません。今までずっと頑張ってきたのだし、あと5年頑張れば1500万円をもらえるのであれば、残ったほうがいい。ほとんどの人が、そう考えます。

しかし、定年の延長が5年なのか10年なのかわかりませんし、会社を辞めたあとも人生は続きます。会社から離れたら何もできることがないままでは、その人自身が沈みゆくタイタニック号でしかありません。今にも沈みそうなタイタニック号に乗って退職金という金塊をもらっても、ただ一緒に沈むだけです。

そもそも退職金をもらっても、住宅ローンの繰り上げ弁済で消えてしまうことも多く、余っても十分な額とは言えません。会社員で相応の額の厚生年金はもらえたとしても、今の生活水準を維持できるわけではありません。そうなると、慎ましやかに生きることが求められ、はたして、それで残りの40年の人生が豊かに生きられますかという問いが突きつけられています。

平均寿命が70歳だったのは、男性が1970年ごろ、女性は1960年ごろのことです。その時代であれば、退職してからの残りの人生はわずか10年です。10年ぐらいであれば、もしかしたらそのような生活でも逃げ切れるかもしれません。

しかし、30年、40年はもちません。私が言っている「もつか、もたないか」という論点は、金銭面というより、存在意義の問題です。あなたは、何をやって生きていくのですかという問いかけです。

企業に所属してもプチT型人材にしかなれなかった人は、企業を辞めたあとの想像ができず、特別な能力も持たないために何もすることがありません。何をやっていいかわからないと途方に暮れてしまいます。

長年社業に邁進し、そのおかげで出世し、部長になるまで頑張ってきた。部下の様子を気にかけ、声をかけて叱咤し、評価をつけ、人材の配置を考える仕事が出世した者のゴールだと思ってきた。ところが、そうした仕事は組織がなくなるとまるで役に立たないものになってしまいます。

企業の後ろ盾が突然なくなれば、何も取り柄がなくなり、生きる術を失ってしまいます。生きていくために外に出ろと言われても、どうしたらいいかわからず、途方に暮れてしまいます。実際、新聞社に勤務していた私の知り合いは、当時の先輩と次のような会話をしたそうです。

「俺、外に出て転職しても何もできないよ」
「ええ？　新聞記者として30年以上、いろいろな人を見てきたんでしょ？」
「そうはいってもなあ。やれるとしたら、強いて言えばフリーライターかな。でもそれも不安なので、とりあえず最後までしがみつくよ」

もちろん、そういう人生も否定はしません。それでいいと思っている人を、無理やり引きずり出すことはできないからです。

せめて、企業に残っている間にできるだけT型人材の探索の部分を広げることを意識してみてはいかがでしょうか。最近は副業・兼業が認められる企業も少しずつ増えているので、制度を使って自分を教育してみてください。もはや、コンフォートゾーンにとどまっているわけにはいかないのです。

「ごきげん」がゴーアウトを支えるエネルギー

2章は「外に飛び出すことで、手に入る「もの」」というタイトルで、実際に今いる場所からゴーアウトすることを中心にお話ししてきました。本章の最後に、ゴーアウトするうえでの心の持ちようについて触れたいと思います。

先ほど、脳の「報酬系」が活性化された状態を「ごきげん」と表現しました。しかしながら、これは単なる気分や状態ではありません。むしろ、その人が「ごきげん」であることを「選び取る意志」が何より重要だと考えています。

その意味では、フランスの哲学者アランこと、エミール＝オーギュスト・シャルティエの言葉が思い出されます。

「悲観主義は気分だが、楽観主義は意志である」

つまり「ごきげん」という楽観主義を選び取るのは、自らの意志の力であるということです。ただし、意志といっても、意志（意識）と無意識の関係は図9にあるように氷山のようになります。意志は水面に出ているわずかな部分で、理解が及ばない無意識のほうが圧倒的に大きいことがわかっています。

無意識と意識の関係は、ドクター・ベンジャミン・リベットが、人間が何らかの行為をしようと「決意した」と意識する瞬間よりも、ずっと早い段階で無意識に意思決定している

図9　意志（意識）と無意識

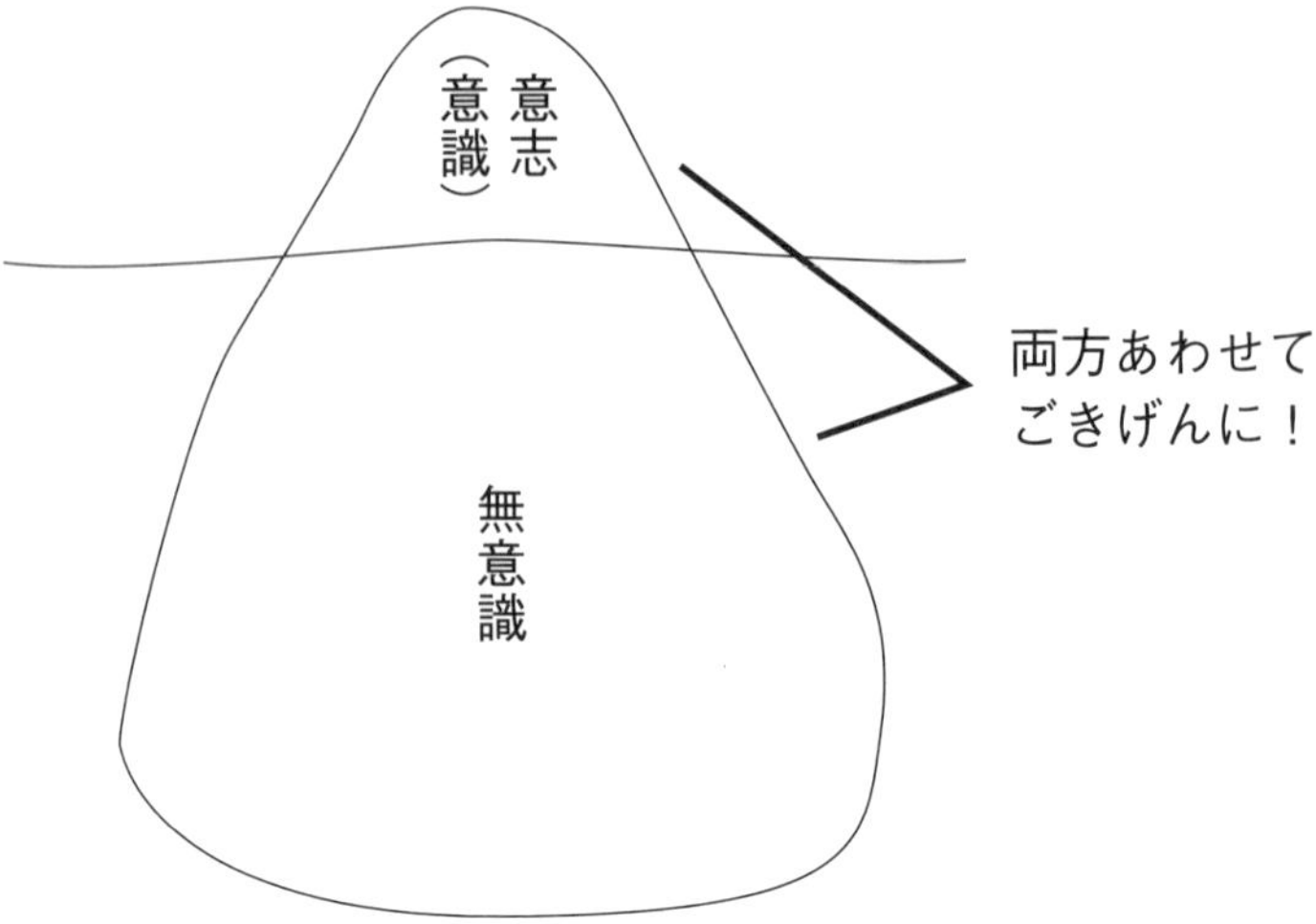

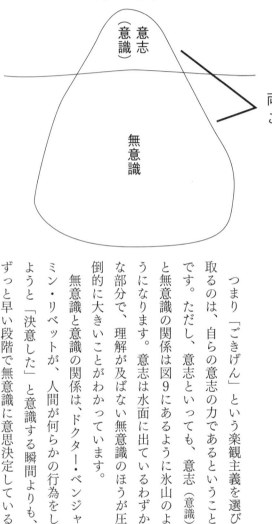

図10　リベットの意識と無意識の実験

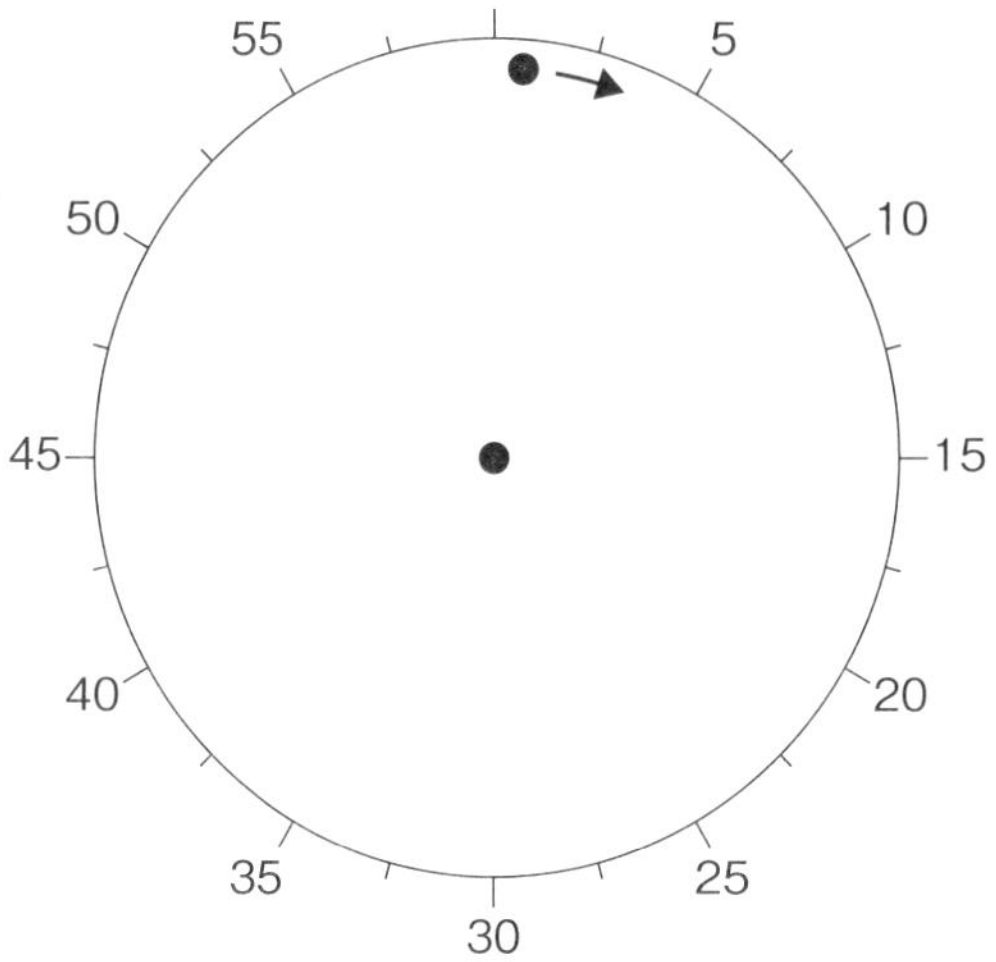

ことを実験によって発見しました。（ベンジャミン・リベット著『マインド・タイム　脳と意識の時間』・岩波書店）

その実験とは、次のようなものです。

・時間の経過とともに動く光の点を用意する

・実験の被験者には、自分が好きなときに手首を曲げる動作をするよう依頼する

・被験者はそのとき、手首を曲げようと「決意した」瞬間に、光の点がどの位置にあったかを覚えておくよう求めた

・それとは別に、リベットは脳内の「準備電位」を計測した

手首を曲げるには、手の筋肉が収縮する必要があります。その収縮が始まった時間をM

図11　プレM1・M1・M2の関係

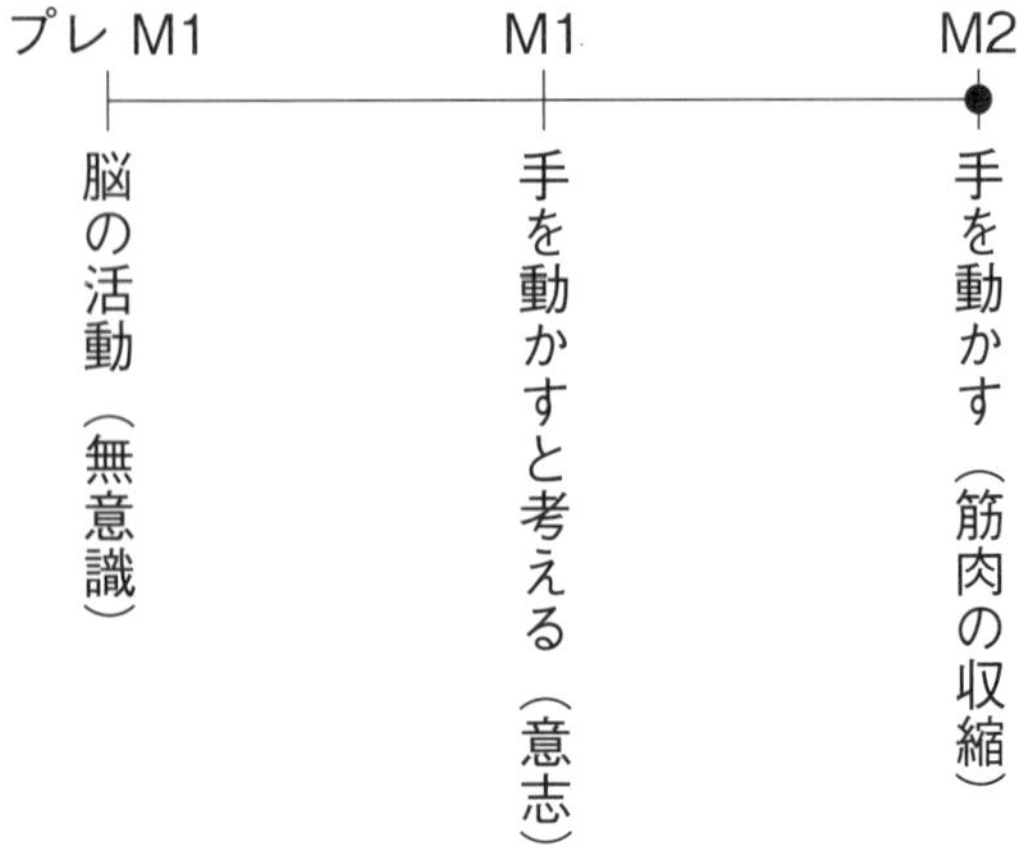

２とします。しかし、その筋肉を収縮させるには、脳内でこの筋肉を収縮させようと考えなければなりません。これをＭ１とします。それまでの常識では、このＭ１がすべての起点だと考えられていました。つまり、Ｍ１は筋肉を収縮させるという意志の発露です。

しかしリベットは、筋肉を収縮させる前に常に検出される脳波があることを、実験によって見つけたのです。これを「プレＭ１」と名づけます。

プレＭ１がＭ１より前に検出されるということは、自分が筋肉を収縮させると決める前からすでに決めていることになります。これは、意識できる意志とは別の次元の話です。つまり、無意識の領域です。

１９８５年に論文が発表された当時から、

自由意志はどこにあるのかというテーマで大論争になり、現在も解決していません。

私の考えは、意志はもちろんあるにしても、無意識も含めて人間は存在しているのであって、無意識が決めていることは意識には上がってこない。したがって「ごきげん」でいるためには無意識を巻き込むしかないという考え方です。だからこそ、無意識を「ごきげん」にするよう教育する必要がある。そうしないと、意志の力だけでは「ごきげん」にはならないからです。

意志のほうで「ごきげん」と言っていても、無意識が「不機嫌」になっていれば、全体として「不機嫌」になってしまいます。そうなると、意志が無意識の「不機嫌」を「ごきげん」になるように説得しない限り、「ごきげん」にはなりません。それには工夫も強い意志も必要です。

そもそも、風邪をひいたり腹痛を起こしていたりするなど、体調が悪ければ「ごきげん」でいるのは難しいものです。「ごきげん」になるためには健康であることが重要です。「食事」「運動」「睡眠」を意識して健康維持を心がけましょう。

さらに、機嫌良く過ごすことも「ごきげん」になるための必須条件です。気のおけない友人がいるか。買いたいものが買えるか。ほかにも要件はあると思いますが、無意識がごきげんになる下地を作りましょう。

「ごきげん」は意志の力だと言いましたが、意志と考えてもさまざまなファクターが入り込んできます。それまで考えたこともない人がすぐにできるほど、簡単なことではありません。T型人材になるには準備が必要なので、時間がかかるとお伝えしました。同じように、「ごきげん」になるのも時間がかかるので、早く準備する必要があるのです。

医学部の学生が無意識に「医療で経済的にリッチになっていいのだろうか」という思いを持っていたら、リッチになるための行動が無意識に抑制されます。ということは、リッチになってはいけないと思っている自分の潜在意識を変えるところから始めなければなりません。それには、どうしても時間がかかります。

8時間睡眠を取っていない人は、寝ている時間がもったいないと考えます。寝ている時間に働けば、それだけ報酬を稼げると思っているから睡眠が取れない。それは仕事のほうが「ごきげん」より大事だと思っているからです。

私は毎日7時間半から8時間の睡眠を取りますが、仕事を詰め込むより「ごきげん」のほうが大事だと思っています。しかし、先ほどお話ししたように「ごきげん」であればめぐりめぐって仕事にもプラスの影響がもたらされるのです。

「ごきげん」は、本当に奥深いものです。

人は基本的にネガティブなところばかりを見てしまい、記憶でもネガティブなことのほうが鮮明に残っているからです。これも、歴史的な理解が必要です。

人類は、ホモ・サピエンスが東アフリカに出現した20万年前を起点に19万9900年間は、ネガティブな考え方をしている人のほうが生存確率が高かった。だから、私たち人間はネガティブな考え方に慣れています。

しかし、今や大きく環境は変わりました。最近はポジティブなことを考えられる人のほうが生存確率が高くなっていると考えられます。もはや、これは哲学かもしれません。ポジティブな思考をするほうが生き残れるという考え方を信じないと、受け入れられないかもしれません。

カフェで買ってきたコーヒーを飲むとき、毒が入っていないか、腐っていないかと心配するあまり飲めない人と、食品衛生法ができて、人を蹴落とすような人はそれほどいないと考え、むしろコーヒーの味を心から楽しめる人を比べたら、どちらが豊かな人生を送れるでしょうか。考えてみればすぐにわかります。

とはいえ、私は不機嫌戦略、ネガティブ戦略を否定するつもりはありません。人類は膨大な時間を不機嫌戦略で生き抜いてきたわけですから、そういう戦略があってもいいとは思っています。

ただ、冒頭の海部陽介さんの『サピエンス日本上陸　3万年前の大航海』や、ユヴァル・ノア・ハラリ氏の『サピエンス全史』を読めばわかるように、東アフリカで生まれたホモ・サピエンスが拡散していくときに、不思議なことが数多くありました。

あの時代、アフリカからユーラシア大陸を経由して北米大陸に渡るのは、リスクが大きすぎて渡りようがなかったといいます。中国大陸から日本に渡って来るにしても、陸続きのところがあったとはいえ、つながっていない100キロメートルもある海を渡るのは、生命の危険があるほど考えられないリスクです。

基本的には、ほとんどの人はリスクを考えて行かない選択をしました。ゴーアウトをしない、ネガティブ戦略です。彼らの時代でも、コンフォートゾーンにいることで安全を確保していました。

しかし、人類には奇妙な遺伝子が組み込まれています。それを「冒険遺伝子」と呼ぶ人もいますが、「ゴーアウト遺伝子」と呼びたくなるほど、ゴーアウトしなければ収まらない人たちがいたのです。

おそらく、合理的な理由はなかったでしょう。100人いたら、99人はおそらく死んでしまった。そのうちのひとりが生き残り、歴史をつないでいったことが、彼らの本望だったのではないかと想像するのです。

翻って、今は失敗しても死ぬことはありません。あらゆることにおいて、当時よりも成功確率が高くなっています。失敗したら引き返して学習すればいい。そんな気楽な気分でゴーアウトの一歩を踏み出していただきたいと願っています。

ネガティブ戦略から急にポジティブ戦略にならなくてもかまいません。それでもゴーアウトしなければ、生存確率は確実に下がっていきます。

不機嫌戦略、ネガティブ戦略で生存確率が落ちていくなら、全面的にではなく部分的にでもゴーアウトすることが、不機嫌戦略、ネガティブ戦略を維持するためにプラスに働くかもしれません。

ネガティブ戦略もポジティブ戦略も、不機嫌戦略もごきげん戦略も、究極の目的は生存確率を上げることです。

だとしたら、今のままのネガティブ戦略でうまくいかないことが明らかになっている以上、違ったかたちのネガティブ戦略にする必要があるはずです。その第一歩として、ゴーアウトをしてみることが打開のきっかけになるのではないでしょうか。

人間の無意識の意識は、遺伝子ができたときから危機回避に走るのであって、その遺伝子は、自分たちの意志で教育してあげなければなりません。それが私の言葉で言うところの「ごきげん」です。

それがピンとこなければ、まずは自らの生存（生命的にという意味と、存在価値的にというダブルミーニング）を確立するために、部分的にでもゴーアウトを経験してみる。そうすれば、ポジティブ戦略の人、「ごきげん」な人との出会いが必ずあります。その結合で生まれる「何か」に目を向けてみてください。

3章

思い込みの
外に飛び出す

とらわれている「常識」から自由になろう

ゴーアウトするときに「壁」となるのが、いわゆる常識です。

会社の常識、業界の常識、役割の常識――。

当たり前だと思っていること、当たり前だとは思っていないけれど、ずっとそれでやってきたから逃れられないこと、絶対に違うと思っているものの、違うと言う勇気がないこと――。

こうした常識の壁からゴーアウトすることで、新しい世界が開けるのです。

日本人は、どのような常識にとらわれていて、それによってどのようなことが弊害として起こっているのでしょうか。

私は慶應義塾大学医学部の眼科に所属していました。もともとさまざまな分野に興味を持っていましたが、まだ経験を積んでいない時期に眼科とは関係のないジャンルの本を読んでいると、3学年上の先輩からこう言われました。

「坪田、おまえはまだ眼科医として一人前じゃないのだから、ほかの本を読む余裕があったら、眼科の本を読め」

彼が言いたかった「その世界で一人前になるまでは、脇目もふらずその世界のことだけを勉強しろ」というロジックは、ひとつの常識として確立されています。そのあと、こんな会話が続きました。


「一週間は何時間ある？」

「168時間です」

「勤務をしている時間以外で、本を読む時間はどれぐらいある？」

「たぶん10時間ぐらいです」

「そのうち、ほかのジャンルの本をどれぐらい読んでいるんだ？」

「5時間ぐらいです」

「おまえのように5時間違うジャンルの本を読んでしまったら、眼科の本を読む時間が5時間しかなくなるじゃないか」

ほかのジャンルの本を読むと、自分の専門の本が読めなくなる。

そうなると、専門性を深化させることができなくなる。

ほかのジャンルの本など有害だ。

自分の専門の分野だけに特化し、深掘りしたほうが絶対に良くなる。

こうした「思い込み」「常識」は、どの業界にもあると思います。しかし、そういう常識はあてはまらないと考えるのが私の主張するゴーアウトの考え方です。専門領域とは異なる分野を勉強すればするほど、専門性も深められると思っています。

なぜなら、専門と専門外では、ものの見方が違うからです。

専門性を深める場合、勉強した量と知識は比例するように深まっていきます。ところが、ゴーアウトして専門外の知識を自分のなかに蓄えていくと、あるとき専門領域の知識と専門外の知見が突然結合し、理解や思考がジャンプするのです。その結合の結果として、専門領域は急激に深化します。

最近、私はトランペットを始めました。トランペットも練習すればするほどうまくなると思ったら大間違いだと感じています。

一般的に、楽器の演奏を上達させるには、自分で時間を見つけて練習を重ね、ひとりの先生に継続的に教われればさらにうまくなると思われていないでしょうか。私のトランペットも、ピアノもそうだと思います。ほかにも、たとえばバレエの腕を上達させようと思ったら、ある特定のバレエ教室に通ってそこの先生に指導を仰ぐのが上達の王道だと思われています。

しかし、その常識は本当に正しいのでしょうか。

最近私が始めたのは、仕事で海外に行くときに、行った場所でトランペットのレッスンを受けるというものです。デンバーに行ったとき、サンフランシスコに行ったとき、シアトルに行ったとき。それぞれの場所でレッスンをしてくれる先生を探し、1時間だけの単発のレッスンを受けました。

当然、先生が違うわけですから、教えてくれることも違います。ある先生から、こんなことを言われました。

「カズオ、唇で音が出ると思ったら大間違いだよ。トランペットは、空気の流れをつくることで音が出るんだよ」

それまで抱いていた私のトランペットに対する概念が変わるような言葉です。日本に帰ってから、いつもの先生のレッスンを受けに行きました。そこで音を出し、海外で受けたレッスンのことをお話ししました。

「坪田さん、ひと皮むけましたね」

その先生は、ほかの人からレッスンを受けたことを嫌がらず、私が受けた言葉を否定することもなく、肯定的にとらえて私が出す音の違いを歓迎してくれました。

ほかのところでレッスンを受けることを、教えてくれる先生に悪いという先入観は単なる思い込みです。しかも、同じ先生、同じ場所でひたすら練習することが上達する近道とは限りません。何かのきっかけで飛躍的に上達することがあるとすれば、それは今いる世界、常識、思い込みからゴーアウトするのがきっかけになるのです。

武道では「他流試合」「出稽古」という発想があります。それまで関わったことのない場に行き、異なる指導者に指導を仰ぐことで、自分の腕を磨くことです。

昔から、そうしたゴーアウトの習慣はあるのです。現代でも、常識にとらわれずにどんどんゴーアウトしていただきたいと思います。

仕事も遊びで、遊びも仕事というスタンス

仕事と遊びを両立する。

ワークとライフをバランスさせる。

一見、素晴らしいことを言っているようですが、これも多くの人がとらわれている常識です。仕事と遊びは、はたして別物なのでしょうか。

私は「自分が人生でやりたいこと」と「やりたくないこと」で分けています。

眼科医の仕事は、もともとやりたいことを選択しています。それによって、お金も入ってきました。スキーやヨットなどの趣味や遊びは、もちろんやりたいことをやります。アンチエイジングなどは眼科医と並行してやりたいことを実現しました。新たに眼に関するイノベーションを実現するために起業し、会社を経営しています。

すべて、やりたいことをやっています。このとき、お金が入ってくるものは仕事、入ってこないものは遊びと考えるべきでしょうか。

冒頭でお話しした読書で考えてみましょう。

年間200冊の本を読むことは、私がやりたいことです。さまざまなジャンルの本を読みますが、仕事に関連するものもあれば、遊びに関連するものもあります。そう言い切ったところで、仕事に関連するものが遊びになり、遊びに関連するものが仕事につながることもあります。

私は、やりたいことが遊びで、やりたくないことが仕事、やりたいことはお金を稼げず、やりたくないことでお金を稼ぐなどという分け方は無意味だと思います。やりたいことでお金が入ってくることもあれば、出ていくこともあります。やりたくないことでお金が入ってくることもあれば、お金が出ていくこともあります。

そもそも、人生はすべてお金で換算できるわけではありません。大事なのは、好きなことをやることです。必ずしも仕事と遊びを完全に分ける必要はないと思います。

一般論として、企業に勤めるビジネスパーソンは、基本的に午前9時から午後5時までの時間で区切られて働いています。定時を超えれば、1時間ごとに残業が計上され、定時までの時給（基本給を定時の時間で除したもの）より割り増しされた時給が支払われます。

こうした働き方をしていると、仕事と遊びを分けるという常識が形成されても不思議ではありません。良いか悪いかではなく、仕組みとして確立されているから仕方がないという考えもあるでしょう。

しかし、もしもその概念を受け入れてしまったら、日中は我慢してお金を稼ぐ仕事の時間で、アフター5や休日がお金を使う遊びの時間ということになってしまいます。私は、その思い込みを覆したいのです。

仕事も遊びであり、遊びも仕事であり、仕事でお金を稼ぐこともできれば、遊びでもお金を稼ぐことができる。言わば「入り乱れている」のが本当の姿だと思います。

そうした考え方に至ったのは、私のサラリーマン経験からです。

5人の子どもを抱えた36歳のころ、私は東京歯科大学の眼科に勤務するいわゆる勤務医でした。大学病院からもらう給料と少しのパート代がほとんど唯一の収入源でしたが、このままではまずいと思うようになったのです。

なぜなら、私には眼科のほかにもやりたいことがあったからです。勤務医という働き方だけでは、面白くないと思ってしまったのです。さらに言えば、5人の子どもを抱えることとなり、想像していたよりお金がかかることがわかったからでした。

このままでいいのか。

そう考え、ゴーアウトしてさまざまなことにチャレンジし始めます。すると、想像を超えるさまざまな出来事が起こりました。サラリーマンとして、自分の専門を深化させるだけでは起こらなかった興味深い出来事です。

自分は時間を売っている。遊びと仕事は違う。仕事の時間はこれをやる、遊びの時間はこれをやる。そういう杓子定規なロジックのなかだけで動いていると、深化も頭打ちになり、新しい地平は見えません。それはすでにお話しした通り、専門のなかだけで閉じていたら、新たな発想との結合が起こらないからです。

仕事は仕事、遊びは遊びと切り分けるのではなく、遊びを探索と考え、遊びが自分のキャパシティを広げ、T型人材の横軸を広げることにつながると考えてみてはいかがでしょうか。それこそが、リンダ・グラットン氏が『ライフシフト』で言っている「自己のリ・クリエーション（再創造）」につながっていきます。

「平均寿命が延び、無形の資産への投資が多く求められるようになれば、余暇時間の使い方も変わる。時間を消費するのではなく、無形の資産に時間を投資するケースが増えるだろう。レクリエーション（娯楽）ではなく、自己のリ・クリエーション（再創造）に時間を使うようになるのだ。（中略）。リ・クリエーションは個人単位で実践されることが多く、一人ひとりが自分なりにリ・クリエーションとレクリエーションを組み合わせて余暇時間を形づくるようになるだろう。過去100年間は、商業化された娯楽の消費活動を中心とするレジャー産業が台頭したが、今後は、個人レベルでの自己改善への投資活動に力を入れるレジャー産業が発展するかもしれない」（リンダ・グラットン／アンドリュー・スコット著『ライフシフト』東洋経済新報社）

そもそも、遊びとは何でしょうか。

遊びといって思い浮かべるのは、趣味やスポーツなどが考えられます。しかしそれよりも重要な概念として「次の世代でやることを準備している」というものがあります。つまり、子どもが大人になったらやることを模擬訓練しているのです。

たとえば、おままごとやお父さんごっこ・お母さんごっこなどは、遊びを通じて将来担うかもしれない役割を練習しているのです。リンダ・グラットン氏がリ・クリエーションで提示した概念は、大人も遊びを通じてマルチステージ化した人生の予行演習をしようということです。

子どもや動物はそのような概念を持って遊ぶ必要はありませんが、大人になったらそのことは意識したほうがいい。自分の遊びは、ただそこで無思慮に楽しむことだけを考えるのではなく、自分が次の世代になったらやりたいことの準備のために投資をする感覚を持って取り組んでもいいかもしれません。

仲間と盛り上がって楽しむのもいいでしょう。ディープな趣味の世界に没頭するのも魅力的です。しかし、そのかたわらでこんな遊びも取り入れてみてください。


新しい世界をのぞいてみる。

これまで会ったことのない人に会いに行く。

今まで見たことのない映画や演劇を見てみる。


こういう行動を遊びととらえることから始めてみてはいかがでしょうか。この行動こそが、ゴーアウトにほかならないのです。

読書好きの私は、読書を通じて常に新しい世界をのぞいています。だから、読書についてはは新たな遊びの要素はないと思われるかもしれません。

そんなことはありません。

最近、読書に関しても私なりに大きな冒険をしました。机の上で「積ん読」状態だった、スティーブン・ピンカー氏の『ENLIGHTENMENT NOW』という本にチャレンジすることにしたのです。

本書が刊行されるころには日本語訳が出ているかもしれませんが、私が購入したときには見つからなかったので、原書で購入していました。

当たり前ですが全編英語、しかも、576ページもの大著です。これは、私にとっては壮大なる知的冒険です。これを、私は仕事とはとらえません。ただ本を読む行為でもありません。大いなる遊びの一環で、しかも読んだ内容がいつか仕事や人生にも大きな影響を及ぼすかもしれないと考えるのです。

既存の限られたバイアスから世界を見るのではなく、仕事でも遊びでもなくゴーアウトしてたどり着いた新たな領域を通じて世界を見直してみる。そうすれば、今まで見たことのない新たな地平が広がっているはずです。

そこで見たものと今まで自分が培ってきたものを結合させれば、やはりこれまでにはなかったものが生まれるかもしれません。

「べき」論や役割の押しつけから抜け出す

先ほど、ビジネススクールに通うために准教授を教授に昇格させたという話をしました。そもそも日本の大学の医学部において、ひとつの教室に教授がひとりであるから偉いというオールドファッションな考え方があります。それが、日本の大学医学部のあるべき道と認識されています。

大学の医学部を風刺した「白い巨塔」という言葉があります。権力をほしいままにしたい人にとっては、そのシステムは素晴らしいものになり、自分以外に教授をつくることなど考えません。

ところが、それは日本だけの習慣で、アメリカではひとつの科に教授が10人いるところも珍しくありません。それぞれが役割分担をしながら専門領域を運営しています。それにならって、私はひとつの教室に教授を数多く配置したいと思っています。私が得意な分野は研究とイノベーションですが、教育と診療が得意なある准教授を教授にできれば、私の負担が減ると考えました。

しかし実際は、それが認められるまではいばらの道でした。

在籍していた大学の医学部全体が、私と同じようなマインドになっていないため、私の案に反論を加えてきたからです。

「そんなケースが実現したら、ほかの教室の先生たちもみんなつくりたいと言い出し

図12　日本の常識は世界の非常識（※坪田の思い込み図）

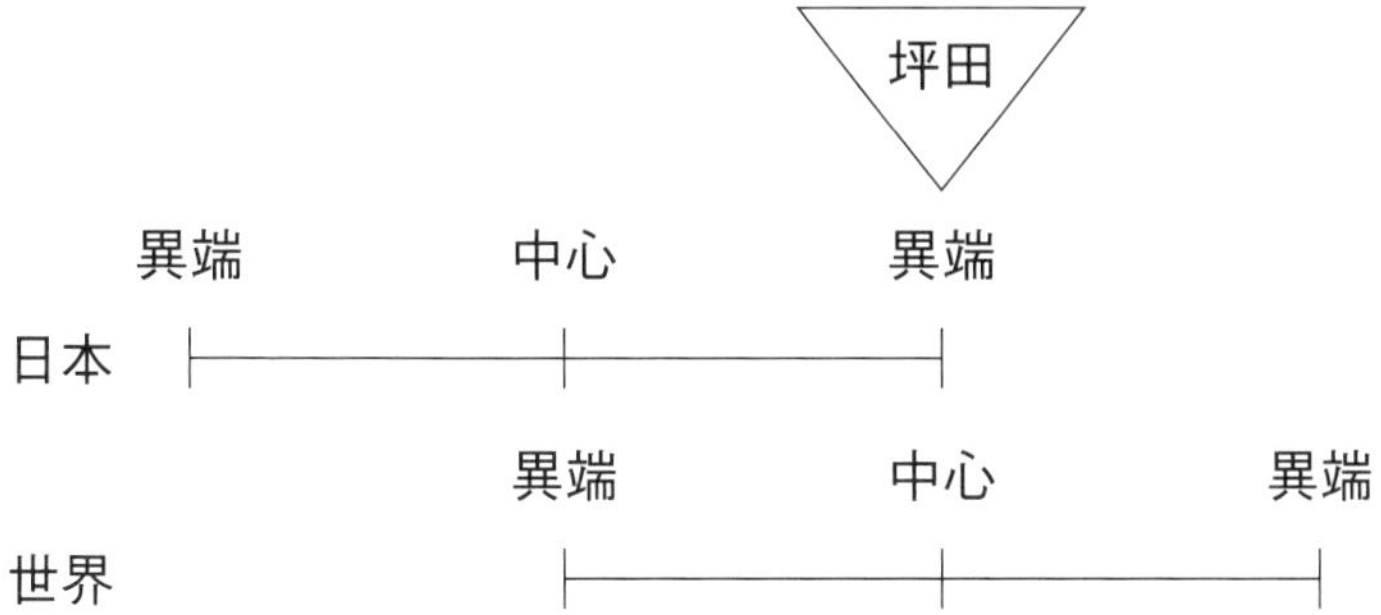

たら困るじゃないか」

そうなったらそうなったで、困ることはありません。教授が何人いても、やるべきことに変わりはありません。それを説得し、合意を形成するまでに2年かかってやっと准教授の教授昇格が認められました。その教授は根岸一乃さんといい、私（第6代）のあとの第7代眼科学教室の教授になられました。

その結果、私のイノベーションに注ぐ力が増え、ＥＭＢＡに通うこともできるようになり、自分の会社を興すこともできました。根岸教授にとっても、教授に昇格してハッピーですし、実力が認められて第7代教授にも選ばれてさらにハッピーです。

このケースは、本来、ひとつの教室に教授

はひとりであるべきだという道からあえてゴーアウトしています。しかし、世界から見れば外れていない。その事実に早く気づいたほうがいい。

中心に対して、両端にあるのが異端です。私は日本の異端に位置づけられています。ところが、世界は日本の中心や異端とは大きくずれています。むしろ、日本の異端が世界の中心であり、日本の中心は世界の異端となっています。日本の異端である私は、世界においては中心的な考え方をしているかもしれないのです。

先ほどの慶應義塾大学医学部のケースで見ると、私が根岸さんを教授にしようとした動きは、日本では異端になりますが、海外では中心的な考え方です。このことを、かつて評論家の竹村健一さん（故人）がこんな言葉で揶揄しました。

「日本の常識は、世界の非常識」

古い言葉ですが、現在の日本にもそのままあてはまる言葉だと思います。枠から出る、出ないと大騒ぎしていますが、見ているのは日本独自の枠にすぎません。日本で変わり者と扱われる坪田が、実は世界の中心にいる。そういう現実もあると考えられるのです。

このことは、30歳のときにハーバード大学に留学したときに実感しました。日本にいたときは、いつも「坪田って変わっているな」と言われていました。しかし、ハーバードの中では私は「変わり者」ではなかった。ごく普通の、スタンダードに位置する平凡な男だったのです。

ハーバード留学で思い出しましたが、私は国家試験に合格し、晴れて医者になってから5年目に留学しました。ところが、そのころの眼科学教室の慣例は、留学するなら10年目になってからという不文律がありました。

しかし、私はどうしても早く行きたかった。猛烈にアピールしていたところ、先輩から文句が出ます。

「まだ5年目なのに行くのかよ」「先輩を飛び越えるのか？」

私は、強気に返しました。

「いや、先輩後輩は関係ないと思います。僕の人生だから」

コンフォートゾーンにいれば、誰からも文句は言われません。この場合は、眼科学教室の慣習に従うことです。でも、それでは前に進むことはできません。日本の中心に居続ければ、世界の異端になってしまう可能性があるのです。リスクや軋轢はありますが、ゴーアウトして探索することが深化を深めると考えるべきです。

自分が教授になったときに、若い医局員に自由に自分の人生を設計させてあげたいと思いました。そこで、私はできるだけ希望を叶えました。

入局した瞬間にアメリカに留学した先生。

臨床を経験する前に大学院に行って研究に没頭した先生。

3年経ったら関連病院に行く不文律があるなか、関連病院ではなくアメリカに留学した先生。

病院ではなく厚生労働省に出向したいという先生。

やりたいことをやってもらったのは、慶應義塾大学医学部眼科学教室は世界と勝負するところだと確信していたからです。日本の次世代をつくるには、各人がゴーアウトし、100%の能力を発揮できなければならないと信じたのです。その結果、ゴーアウトから戻ってきた人たちが成長し、優れた人材が集結する教室になっています。

若いときに、尊敬する友人に尋ねられたことがあります。

「あなたは何者ですか」

私はとっさにこう答えました。

「私は眼科医です」

ところが、その友人からこう言われました。

「それは、きみの役割でしょ」

役割で自分を規定する人が多いと思います。そのほうが相手にわかりやすいからかもしれません。しかし、小学生のときに自分を役割で表現したでしょうか。

「僕は給食委員だよ」

「私は図工係です」

大人になってから身についた習慣でしょうが、自分自身と役割は分けて考えないと前に進めなくなってしまいます。

たとえば、私が「大学教授」という役割に縛られてしまったら、新しい領域にゴーアウトしたときにわからないことが出てきたとき、気軽に質問できなくなってしまいます。人に教える大学教授は、わからないことがあってはならないという思い込みに縛られてしまうからです。

役割という言葉ですぐに思い出すのが年齢です。私は現在67歳ですが、67歳はこうあるべきという役割があります。それは、たとえば23歳の役割とは違うものになっているはずです。私は、そんなものに縛られたくはありません。そこで、こう考えるようにしています。

67歳の私は、３０６７歳である。

その根拠は、人類の長い歴史の流れのなかに自分が存在している事実です。私の娘は３０３２歳です。67歳と32歳を比較するとだいぶ差があるように感じますが、

3067歳と3032歳は、ほんのわずかな誤差にすぎません。誤差にすぎないのであれば、私がすべてのことを知っていて、娘が私よりも知らないということはあり得ません。年齢は単なる役割にすぎないのです。

年齢という役割からゴーアウトすることができれば、娘のような年齢の人からも孫のような年齢の人からも、多くを学ぶことができます。自分は教える人、あなたは学ぶ人という役割から抜け出せれば、T型人材として探索の幅を広げてゆく無限のチャンスにつながっていきます。

「忙しい」は自分の可能性をつぶす魔の言葉

みなさんは、誰かに「忙しいですか?」と聞かれたら、どう答えますか。

ここで「忙しい」と答える人は、自分のなかに忙しい状況があると思っていることになります。忙しいという字は「心を亡くす」と書きますが、忙しいと感じるのは、もしかしたら、やりたいことをやっていないからかもしれません。誰かにやるべきことを規定され、それを受け身で取り組んでいるから心を亡くしてしまうのでしょう。

私は、忙しい状況などないと思っています。

むしろ、自分が「充実している時間」があると思っています。

たしかに、いろいろなものごとを詰め込みすぎて時間がタイトになることはありません。それでも、詰め込みすぎたのは自分です。確信的に「こうしたら時間がタイトになるけれども、あえて詰め込んでみよう」と考えた結果、詰め込みすぎただけで、それによって心を亡くすようなことはありません。

それを忙しいと感じてしまうようでは、その時間は自分の人生の手綱を手放してしまっているに等しいと思います。やりたいことをやる、やりたくないことはやらないという思考は、人生の手綱を手放したくないからです。

別の見方をすれば、私は「自分が忙しくなることはあり得ない」と自分を規定しているのかもしれません。忙しいですかと聞かれても、絶対に「いいえ、まったく忙しくありません」と答えます。そう答えられなければ、自分が忙しいことを認めてしまうことになるからです。

これは、自分の脳とのセルフトークでもあり、あくまでも自分で自分を規定しているだけのことです。では、忙しいと口にする人は、自分をどのように規定しているのでしょうか。

「自分は今、誰かに命じられてやらなければならないことがたくさんあり、自分の思いどおりの人生を送っていません」

一方、忙しいと言わない人は、自分を次のように規定します。

「自分は今、やることがたくさんありますが、それは自分がやりたかったことをやっているので、とても充実しています」

どちらも自分を規定していますが、自らの時間の使い方に主体性があるかないかの違いが表れています。ここで私が言いたいのは、誰かが定めてなんとなく従っている規定からは、ゴーアウトしたほうがよいということです。同じ規定でも、180度違えば問題の本質が変わってきます。

私は妻とレストランに行くとき、必ず店を予約します。すると、妻は不満を覚えるといいます。なぜなら、「何月何日の何時から、妻と○○レストランに行く」と規定しているからです。妻が望んでいるのは、ふたりでそぞろ歩きながら、素敵なレストランがあったら飛び込んでみるスタイルです。つまり、規定しないやり方です。

たしかに、それは魅力的なスタイルかもしれません。しかし私は、入りたいと思っても満席で入れず、せっかくの食事の時間が店を求めてうろうろすることで台無しになるのが嫌なのです。それよりも、気に入ったレストランを予約し、気分良く食事を楽しみたいという気持ちのほうが強いのです。

一見すると、私は杓子定規に規定し、妻のほうが自由度が高いと思われるかもしれません。もちろん、自然の時間の流れを楽しみ、偶然の出会いを好む妻の自由度が高いのはその通りです。しかしながら、私の自由度が低いわけではありません。

それは、規定するかしないかの選択、規定するとしたらどのように規定するか、それらを決定する瞬間の私に１００％の自由度があるからです。

つまり、自分が望むこと、自分が楽しいと感じること、自分のやりたいことを能動的に選択していくには、自らを規定することも必要なのです。それを、他人の手に渡すから自由度がなくなるだけで、手綱を自分で持っていれば問題ありません。

一般的な規定は、周囲から決められた何かに従っていくことです。そのイメージからゴーアウトしましょう。客観的、社会的に規定されたものではなく、自らが選び取ったものを規定していくかたちに再定義する必要があると思います。

そして、100%の自由度を保証されて自ら定めた規定は、必ず実行すると覚悟を決めましょう。

自分で決めたことをやらないのは、単なる怠惰です。それに比べて自由派は、そのときの気分で動いているため、なあなあで済ます傾向があります。一度決めたからといって、嫌だったらやめればいいと考えるのです。

もちろん、状況によってはそれを否定しません。ただ、先ほど触れたアランの「悲観主義は気分だが、楽観主義は意志である」という言葉に照らして考えると、自ら決めた規定は意志にほかなりません。

意志によって規定したことをなあなあにすると、人生は成り立ちません。そのためには、熟考したうえで自分がやれること、自分がやりたいことだけを規定したほうがいい。やりたくないことを規定するからやらないのであって、やりたいことを規定すればどんなことがあってもやり切れるのではないでしょうか。

「人生はおもちゃ箱」好きなことだけやればいい

規定するという意味で、私は好きなことしかやらないと自ら規定しています。人生はおもちゃ箱のようなものですから、そのなかから好きなものを選んで好きに遊べばいいと考えているからです。

このおもちゃ箱の話は、私が尊敬する慶應義塾大学医学部の先輩の上野隆司先生がアールテック・ウエノという創薬ベンチャーを起業したときに聞いた話です。

「坪田先生、アメリカに行ったら本当に面白いことばかりで、まるでおもちゃ箱をひっくり返したみたいなんだよ。坪田先生だったら大きいおもちゃで遊ぶ？　それとも小さいおもちゃで遊ぶ？」

私は、いちばん大きいおもちゃで遊びたいと思いました。大きいおもちゃとは、社会をより良くするインパクトのあることをやりたいという意味です。反対に小さなおもちゃとは、身近な人を幸せにすることをやりたいという意味です。四角いおもちゃもあれば丸いおもちゃもある。三角でもいい。どれがいいかという問題ではなく、すべては好き嫌いで選択すればいいのです。

一橋大学大学院経営管理研究科（一橋ビジネススクール）の楠木建教授の著書に『すべては「好き嫌い」から始まる　仕事を自由にする思考法』（文藝春秋）という本があります。簡単に言うと、良し悪しよりも好き嫌いで経営したほうがうまくいくというのがその論旨です。この論には、私も同意します。

良し悪しは客観的であるため、それを証明できなければ認められません。ところが好き嫌いは好みの問題なので、好きなのだから仕方がないと認めてくれます。好きなことをやり続けているときは、自分が失速しない限り墜落することはありません。

すべては自分次第。やってみなければわかりません。ゴーアウトして探索するなかでさまざまなものを見て、さまざまなことを体験しなければ、好きかどうかもわかりません。最初からすべてが成功するとも限りません。失敗する前提で物事を考える習慣があれば、嫌なことをする必要はなくなってきます。

こうした主張をすると、必ず反論が寄せられます。

「好きなことばかりしていたら、やるべき仕事ができなくなるじゃないか」

この考え方は、圧倒的多数の人から支持されるのではないでしょうか。それでも私は、やりたくないこと、嫌いなことはやらなくていいと本気で思っています。

この考え方をする人たちの多くは、やりたい仕事ではないが、生活の糧を得るために仕方なくやっていると規定しています。生活できなければ、やりたいもやりたくないもないという理屈です。

しかし、私から見ればその人たちは「生活の糧を得るためにやりたい」と思っているにすぎません。仕事内容はやりたいことではなくても、生活の糧を得るということをやりたいのです。少なくとも、それを優先させていることは間違いありません。それはそれでその人の選択なので、否定するつもりはありません。

しかし、リンダ・グラットン氏の言葉を思い出してください。やりたくもないことをやって、人生100年時代を生き抜いていけるのでしょうか。

自分はそれで構わないと言うのであれば話は終わりです。

でも、少しでもやりたいことをやりたいという思いがあれば、あるいは今よりもっと多くのことをやりたいと思うのであれば、そして少しでも楽しく生きたいという思いがあって、少しでもまだ見ぬ世界を見たいと思うのであれば、ゴーアウトする必要があると思います。

ゴーアウトして探索すれば、確実に今とは違う世界を覗き見ることができます。探索して興味を持った世界を深化させれば、それを仕事にできるかもしれません。もしくは、今のやりたくない仕事と探索で見つけた新たな世界を結びつけることで、やりたくない仕事の見え方が変わるかもしれません。

少なくとも、今のままやりたくない仕事を生活の糧を得るためにやるという姿勢とは、まったく違う領域に踏み込んでいけることでしょう。

先ほど、人間は根拠のない自信、いわゆる「いわれなき万能感」が備わっていると言いました。だからこそ好きなことができるし、好きなことを実現するためにハードな努力ができるのです。

悲観的な感覚に支配されていたら、実現するかどうかわからないものに時間をかけることはできません。その意味で、ゴーアウトすることで右脳を活性化させ、いわれなき万能感をもっと鍛える必要があるかもしれません。

その点で、山口周さんが『世界のエリートはなぜ「美意識」を鍛えるのか？』（光文社新書）で書いていることは、的を射ていると思います。

山口さんは、グローバル企業の幹部トレーニングが美術系大学院大学で行われるようになってきたことから、世界のエリートが「美意識」を鍛え始めたことに着目します。それは次のような理由があると書きます。

「グローバル企業が世界的に著名なアートスクールに幹部候補を送り込む、あるいはニューヨークやロンドンの知的専門職が、早朝のギャラリートークに参加するのは、虚仮威《こけおど》しの教養を身につけるためではありません。彼らは極めて功利的な目的のために『美意識』を鍛えている。なぜなら、これまでのような『分析』『論理』『理性』に軸足をおいた経営、いわば『サイエンス重視の意思決定』では、今日のように複雑で不安定な世界においてビジネスの舵取《かじと》りをすることはできない、ということをよくわかっているからです」（山口周著『世界のエリートはなぜ「美意識」を鍛えるのか？』光文社新書）

そのように考える理由として、山口さんは三つの根拠を挙げます。

1　論理的・理性的な情報処理スキルの限界が露呈しつつある

山口さんは、「多くの人が分析的・論理的な情報処理のスキルを身につけた結果、世界中の市場で発生している『正解のコモディティ化』という問題」（同著）が「必然的に『差別化の消失』という問題を招く」（同著）としています。

さらに「分析的・論理的な情報スキルの『方法論としての限界』」（同著）として、VUCAの時代になって世界の状況が複雑かつ不安定になると、「これまで有効とされてきた論理思考のスキルは、問題の発生とその要因を単純化された静的な因果関係のモデルとして抽象化」（同著）するため、「問題を構成する因子が増加し、かつその関係が動的に複雑に変化するようになると、この問題解決アプローチは機能しません」（同著）とします。

2　世界中の市場が「自己実現的消費」へと向かいつつある

山口さんは「このような市場で戦うためには、精密なマーケティングスキルを用いて論理的に機能的優位性や価格競争力を形成する能力よりも、人の承認欲求や自己実現欲求を刺激するような感性や美意識が重要になります」（同著）としています。

3　システムの変化にルールの制定が追いつかない状況が発生している

そして「現在のように変化の早い世界においては、ルールの整備はシステムの変化に引きずられる形で、後追いでなされることになります。そのような世界において、クオリティの高い意思決定を継続的にするためには、明文化されたルールや法律だけを拠り所にするのではなく、内在的に『真・善・美』を判断するための『美意識』が求められる」（同著）としています。

つまり、この三つの要因に代表される左脳経営に偏っていると、すべての企業のロジックが一緒になり、やることが同じになってしまいます。あまりにも情報量が増えすぎると、認知に限界があるため実は客観的にはできないのです。したがって、直感的に動くしか差別化を図る手段はなくなってしまいます。

また、変化の速度が速すぎると、客観的に思考しているうちに社会が変わってしまいます。だとしたら、直感的にさっさと判断していかないと、変化に乗り遅れてしまうのです。

直感的とは、つまり好きなことをやるということです。ゴーアウトすることで右脳を活性化させ、直感的、主観的な判断ができるようにしていくことが、山口さんの指摘する問題を解決する手段にもなるのではないでしょうか。

ハーバード大学のトッド・ローズ氏が書いた『Dark Horse』（三笠書房）のサブタイトルには、「好きなことだけで生きる人が成功する時代」というフレーズが入れられています。まさに、時代はそのように変化しつつあるのです。

この本には、冒頭に二人のケースが挙げられています。『Dark Horse』から引用しながら、それらのケースをご紹介しましょう。まずは、高校中退のシングルマザーが新惑星を発見したという話です。

その人は、ジェニー・マコーミックという女性です。ニュージーランドのワンガヌイという小さな町で生まれ、母親だけに育てられました。

学校になじめず、15歳で高校を中退すると、馬小屋掃除の仕事を始めます。ところが、母親がジェニーを置いて出ていったため、自立しなければなりません。高校卒業認定試験を受けますが不合格。21歳でシングルマザーとなり、ファストフード店でウェイトレスとして働き始めます。ジェニーの将来は明るくないものでした。

あるとき、親戚の家で双眼鏡を渡され、ジェニーは天の川を見ます。一瞬で星に魅了され、天文学を学び始めます。11年間の独学の末、ジェニーは自宅のテラスにドーム型の天文台（ファームコーブ天文台）をつくります。そしてその5年後、重力レンズ効果を活用した高度な観測技術によって木星の質量の3倍もある太陽系外惑星を観測しました。新惑星を発見したのです。

２００５年、ジェニーはニュージーランドのオークランドにあるファームコープ天文台で、10インチの反射望遠鏡を使って1万５０００光年かなたにある未知の太陽系惑星を発見しました。その2年後にも新しい小惑星を発見するなど、数々の学術誌に20本を超える論文を投稿する天文学者になったのです。

もうひとりは、アラン・ルーローという男性です。アメリカのマサチューセッツ州にある低所得者層の町レミンスターで育ったアランは、高校卒業後、サウスイースタン・マサチューセッツ大学に進学します。

ところが、６人兄弟だったルーロー家で、両親はアランの学費を払えなくなってしまいます。アランは夜明け前に宅配便のトラックに荷積みをするアルバイトをしてから大学で授業を受け、夕方はガソリンスタンドで給油係として働きます。でも、アルバイトで疲れ果て、大学の授業についていけなくなります。

そこで、大学を休学し、学費を稼いでから復学しようと決めます。さまざまな仕事に就きますが、働いていたバーの経営者が店を手放したとき、銀行を説き伏せて融資を取りつけると、バーのオーナーとなります。客も増え、利益が上がり、融資を完済します。さらにアランはバーの入ったビルを買い取り、不動産業を始めます。次々に別のビルも買い取って成功させ、ビジネス帝国を築き上げます。

しかし、成功を手にしたアランは、それが本当の自分の姿ではないと考えます。30歳ですべてのビジネスを売却し、紳士用スーツのテーラーに転身しました。脇目もふらずテーラーとしての技術を学び、35歳で全米ファッション界の賞を受賞します。

そして、雑誌「タウン&カントリー」で全米トップの紳士服テーラーに選出されると、経営する「アラン・ルーロー・クチュール」を拠点に一流ホテルの最高級テーラーとして活躍しています。

ジェニーとアランに共通するのは、自分のやりたいこと、好きなことに取り組むことで極めて膨大な努力を重ね、成功を勝ち取ったということです。それまでの仕事を深化させるだけではとうてい成し得なかった成果を、好きなこと、言わば遊びの領域で出会い、それを培っていったのです。

「好きなことばかりしていたら、やるべき仕事ができなくなるじゃないか」

この言葉が、単なる言い訳にすぎなかったことが明らかになりました。好きなことをやりたい仕事に変換すれば、二人のように成功を手にする可能性は高まります。そのためには、ゴーアウトして常に探索を続けることが最善の選択なのです。

明治時代の農学者であり、ビジネスでも大成功をおさめた、当時東京大学農学部教授の本多静六氏の言葉に、こんなものがあります。「自分を生かす人生」の一節です。

「人生の最大幸福は職業の道楽化にある」

つまり、仕事を遊びにできた人は幸せだと言っています。

私の頭のなかには、常に本多静六氏の言葉があります。どうすればこの仕事を遊びや道楽にできるだろうかといつも考えるのです。遊びや道楽にするためには、ゴーアウトして常識にとらわれないことが大切です。

先日、バイオ燃料事業を営むユーグレナの出雲充さんとお話ししました。出雲さんからは、仕事を楽しんでやっている空気を強く感じます。そのとき、出雲さんはこんなことを口にしました。

「こんど、私はOPEC（石油輸出国機構）に入りますから！」

「日本が産油国に？　輸出するの？」

「そうですよー」


どうやら、ミドリムシでオイルを産出するプロジェクトが進行中とのこと。

ここまでいくと、出雲さんが仕事としてやっているのか、遊びでやっているのかよくわからなくなります。それでも時価総額1000億円を保持し、100億円のプラントを鶴見につくり、さらに最新鋭のプラントをつくろうとしている。ここまでのパワーは、本当に好きなこと、やりたいことでなければ絶対にできません。

価値は変わる。絶対なんて存在しない

バリュー、ミッション、ストラテジーは、私の好きな言葉です。

なかでもバリューは「人のために尽くす」「お金をもうける」「社会を変える」など、自分が何のためにこの世に送り込まれたのかをイメージできるその人の根源的なものの

です。自分のバリューは「ごきげんに生きる！」そのものです。

本当に根源的なバリューは、そう簡単には変わりません。しかし、そのストラテジーは変わります。

私は大学時代にヨット部でした。ヨットマンは、人生を海だと思っています。ヨットというツールを使い、海という人生と対話をすると考えるのです。ヨットがなければ、パチャパチャ泳いでいてもスピードは出ませんし、海や風との駆け引きがないから楽しくない。ちょっと波が高くなれば溺れてしまいます。

ところが、ヨットがあれば波が出ても大丈夫ですし、風に乗れば海を爽快に進むことができます。ヨットは人生を表現する比喩としてよく使われてきました。

私の場合、最初は「眼科丸」でした。眼科を通じて、少しでも近視や目の疾患から人々を解放してあげたいと思っていました。でも最近は、坪田丸です。株式会社坪田ラボというヨットで人生を遊んで冒険に出る。それだけでなく、ビジネスを通じて社会を良くしたいと思っています。

私の乗るヨットは変わりました。つまり、ストラテジーが変わったのです。かつては自分が選択したヨットに乗り続け、その道を極めることが正しい道と思われてきました。しかしながら、今は同じヨットに乗っていなくてもいい、ストラテジーは変わっ

図13　ヨットは風で動く（外部環境）

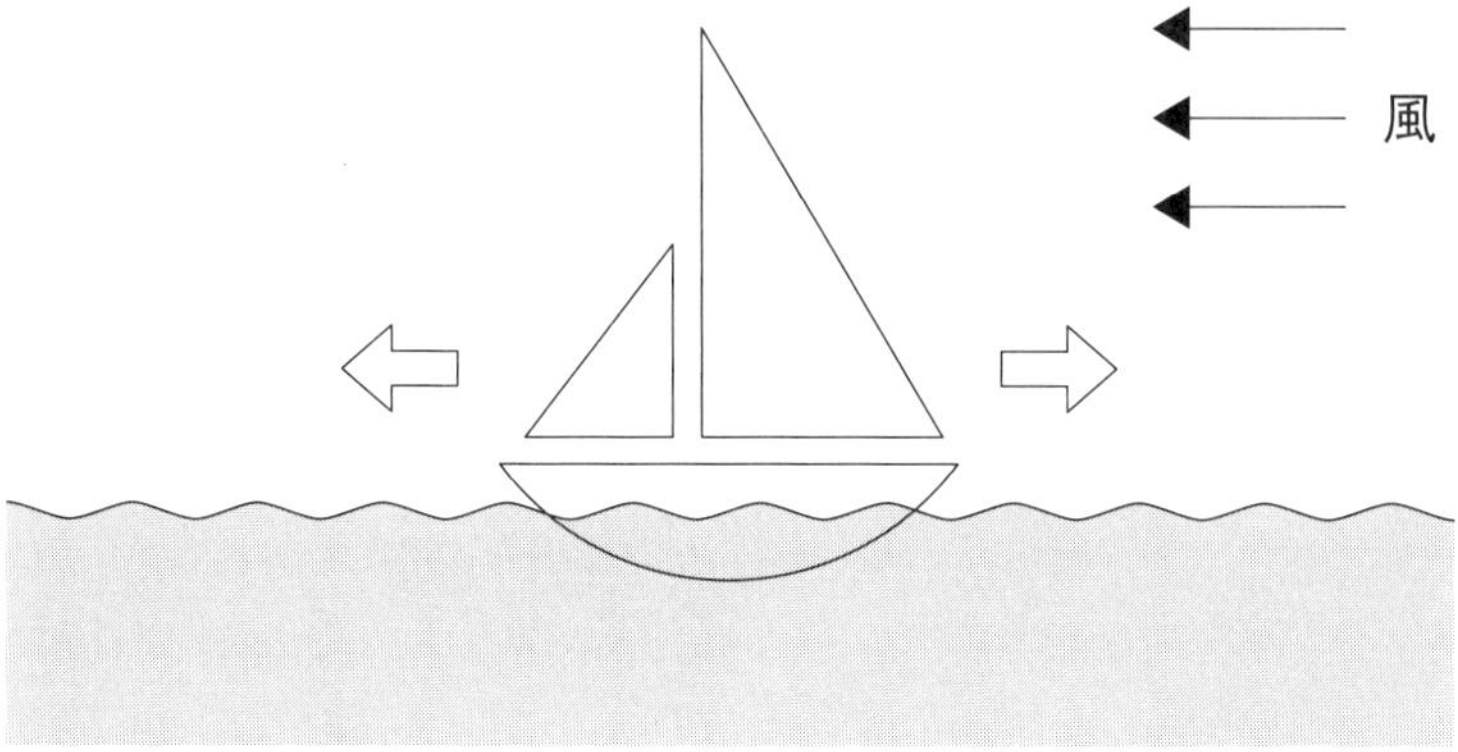

ていいという時代になってきたと考えていま
す。
　バリューが変わらなくても、ミッションや
ストラテジーは変わります。
　なぜなら、ヨットマンは自分の能力ももち
ろんそうですが、風がもっとも重要だと考え
るからです。いくら最新鋭のヨットに乗って
いても、風が吹かなければヨットは進みませ
ん。多少古くても、良い風が吹けば軽快に進
んでいきます。
　当然のことですが、ストラテジーは風の吹
き方によってまったく変わります。
　多くの人は、ヨットを磨き上げ、懸命に走
らせようとします。磨き上げることは勉強で
あり、努力でもあります。もちろん、ヨット
そのものを磨き上げることも大事ですが、風

が吹かなければ単なるハコです。風が吹いてはじめて進む。

しかも、吹いている風と逆方向に進もうとするのは難しい。むしろ風に乗ったほうが、スピードに乗って進めます。あるいは、風が吹いていないエリアにいたら、風が吹いているエリアに移ったほうがいい。風が吹いていないエリアでいくらヨットを進めようと努力しても、徒労に終わるだけです。

これをゴーアウトで考えてみましょう。

ゴーアウトをしていない限り、吹いている風は見えません。風が見えなければ、今の自分の努力は徒労に終わります。風が吹いているエリアに移動してヨットを前に進めることもできません。

先ほどお話ししたように、私が眼科丸から坪田丸に乗り換えたように、ヨットを乗り換えることを恐れてはいけません。ストラテジーを変えて、ジャンプしてより風に乗れるヨットに乗り換えればいいのです。

また、ヨットが水に浮く原理は、二種類あります。

ひとつは船が停泊しているときやゆっくり走っているとき、水の重さと船全体の重さがバランスしている状態です。

一方、船が走っているときは、ある一定のスピードになったときに突然浮く。この

図14　排水量とプレーニング、進み方の比較

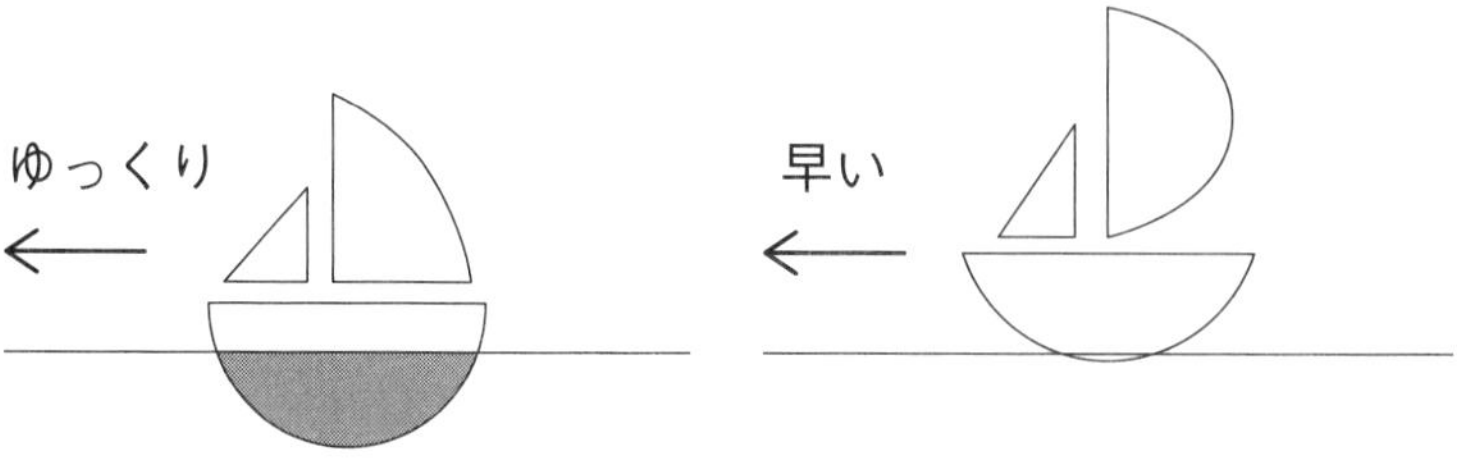

原理は「プレーニング」と呼ばれ、水中翼船の原理になるものです。平たい石を水面に這わせるように投げたとき、石は水の上を飛ぶように跳ねていきます。船のスピードを出そうと思えば、これと同じ原理で水面を飛ぶように進ませる必要があります。

ただし、プレーニングには欠点があります。コントロールが効きにくいのです。だから、プレーニングは失敗を前提とします。つまり、ヨットで言えば「チン（沈むこと）」を前提にしています。

勢いよく進んでチン。これを立て直し、また勢いよく進んでチン。その繰り返しです。これを人生にたとえると、チャレンジして失敗し、そこから学んでまたチャレンジし、失敗してはまたチャレンジするという繰り返し

です。シリコンバレーの考え方「Fail Fast, Fail Cheap」に似ていると言えます。もうひとつの進み方、排水量でゆったりと進む。チンはしないけれどもスピードは遅い。コンフォートゾーンでチャレンジも失敗もせずに安全な人生を送る。それと同じです。チンをしたとしても、プレーニングで進んだ方が距離は稼げます。

どちらが楽しい人生かは、人によって違います。どちらの人生も否定するものではありませんが、私はゴーアウトして速いスピードでいろいろなことを体験し、途中でチンしてもまた立ち直ってやりたいことをやる人生を選択しています。

このスタイルのほうが、これからの人生１００年時代では生き残れるスタイルであることは間違いありません。失敗しても、スピードが早いため到達点はより高い水準まで行けるからです。

しかも、失敗と学びを積み重ねることで能力が上がります。ヨットでも、だんだんチンの仕方も上達します。失敗してもすぐに立ち直れるのです。

だとしたら、コンフォートゾーンで安全に送る人生ではなく、少々のリスクや失敗があったとしても、新しい世界にもゴーアウトする人生を選択するのも楽しいのではないでしょうか。

ゴーアウトするのに早すぎることも遅すぎることもない

ビジネスの世界はとくに、新たに何かをやろうとしたら、そこで学びを得なければならないという強迫観念のようなものを感じます。

ゴーアウトするとは、コンフォートゾーンから出て新たな世界を覗くことです。その探索行為で見たもの、体験したことから、学びを得なければならないと考えてしまうのではないでしょうか。

私は、ゴーアウトで必ずしも学びを得なくていいと思っています。

まずはゴーアウトして探索することに価値があるので、そこで学びや気づきを得てもいいですし、得られなくてもまったく問題はありません。そもそも、新しい世界を体験するだけで価値があるのです。

これは「成長恐怖」と呼んでもいい。毎月成長しないといけないと考えてしまう症候群と言えます。私も、かつてマラソンをやっていたときに陥りました。1ヵ月に200キロ走らないと速くならないという思い込みです。そのために、腰を痛めて結局は速くなりませんでした。

本書は、ゴーアウトをお勧めする本です。

専門性の深化に頼るばかりでなく、探索で新たな領域に踏み出していくことで、新たな「出会い」と新たな「結合」によって新しい「何か」を生み出すようになることが目的です。しかし、それを強迫観念としてとらえる必要はありません。

ゴーアウトしても、すぐに何らかの成果や結果が出るわけでも、すぐに人生が激変するわけでもありません。

長い時間をかけて、少しずつ神経を伸ばしていくような行動を続けていれば、その神経の先がいつかどこかで何かと結びつくかもしれない。ゴーアウトは、そんなふうに気楽に取り組めばいいのです。


人生100年時代になったのは、本当に大きいことです。もしまだ人生70年時代であれば、私はあと3年しか生きられません。人生100年時代になったから、いろいろなことがやれるのです。

これを真剣に考えている人が少ないのではないでしょうか。考えているのは、定年となる年齢がどれだけ伸びるかということ、年金がいくらもらえるかということ、どれだけ蓄えを残しておかなければならないかということ。それくらいでしょうか。そこには、残りの30年から40年をどのように生きるかという発想が抜け落ちています。

どうしても、定年とともに仕事を終え、その後の人生を地続きで考えていないような気がしてならないのです。人生１００年を生きる前提で、人生を再構築したほうがいい。それがリンダ・グラットン氏の言うライフシフトであり、私もそれに完全に同意します。

そのためには、ゴーアウトして探索し、自分の好きなことを広げていき、自分の好きなことで生きる糧を見つけていく作業を若いうちからコツコツとやり続ける必要があります。

ゴーアウトは即効性のあるスキルではありません。時間のかかる、生き方のようなものです。現在20代の人も、30代、40代、50代の人も、あるいは60代以上の人も、あらゆる世代にあてはまる生き方の姿勢なのです。

どの世代から始めても、早すぎることも遅すぎることもありません。なぜなら、人生１００年時代はそれほど長いものだからです。

4章

業界の外に飛び出す

いまいる業界や専門のなかだけで考えない

安全、安心、心地良さ。

コンフォートゾーンにとどまって探索をせず、新しい結合が起こらないためにイノベーションから遠ざかっている現実があります。それをなぜ日本のビジネスパーソンは受け入れているのでしょうか。

眼科の世界でもそれは同じです。

日本の眼科は現在、1万4000人ほどの専門医が存在し、ビジネスの規模としては1兆円前後と言われています。眼科医である限り、基本的には食いっぱぐれることはありません。それどころかそこそこの「小金持ち」であり、自分の置かれた現状に満足している人がほとんどではないでしょうか。だから、ゴーアウトする必要性を感じていないのです。

一般的な企業社会では、医者より収入が多い人も少ない人もいると思います。所得水準は一律ではありませんが、それでも企業に勤務している限り、路頭に迷うようなことはないでしょう。

日本全体では、バブル期あたりまでは海外に対する競争力があったかもしれませんが、失われた30年を経て急速に競争力を失っています。数々の経済指標で外国の後塵を拝し、日本はもはや「富める国」の座から転落しています。

とはいえ、一定数の貧困層はいるものの、社会全体として「食べられない人」は少ないのが現状です。自身の現状に不満を覚えていない人が、わざわざゴーアウトしてリスクを引き受けようとはしない。それが現状です。

コンフォートゾーンにいる人は、まずは自分が所属する企業や業界内で深化することで、自己のポジションを確立し、よりカンファタブルにしようとします。しかし深化するには、それなりの時間がかかります。

眼科でも、5年間の専門医制度のなかで勉強し、試験を受けて合格し、手術などを学んで一人前の眼科医になるのに10年はかかります。能力やレベルはともかく、一人前の眼科医として認められるまでに10年かかるのだとしたら、別の世界にジャンプして同じ10年をかけてもう一度やり直すのは面倒ですし、覚悟が必要です。

一般企業でも、10年勤めればひと通りの業務を経験し、会社のことがわかってくるころです。なんとなく「わかった気」になり、その世界をひと通り見た気になるものです。そこから15年、20年と経験を積み上げていくうち、企業や業界での立ち位置として「専門家」になれたと錯覚します。

そうなると、企業や業界が勝手知ったる「我が家」となり、極めて居心地の良い場所になる。業界のなかで考え、専門性のなかだけで行動していれば、それなりの成果も上がり、給与も上がります。

その水準が「そこそこ」と感じていれば、居心地の良い空間から出るのは、年を追うごとにたいへんな覚悟が必要になります。日本人が企業や業界の外に出ようとしないのは、そういうわけです。


なぜ、企業や業界の外に出られなくなってしまったのでしょうか。

そこには、日本の教育制度が関わってきます。戦後、ある程度豊かな中流階級をつくっていこうという方針のなかでは、決められた勉強をして、ある程度の大学に行ってある程度の企業に入ることを目指します。

その大前提のなかでは、言うことを聞いていればいいという考え方が支配します。関係ないことをやったり、自分勝手に新しいことをやったりするのは、厳しく指導されます。そういうマインドセットを小学校のころから植えつけられると、ある一定数は自分のやりたいことをやる独創的な人になりますが、多くの人は牙を抜かれた獣のように、おとなしく従順な存在として枠のなかにとどまります。

工場で全員が同じ作業をする、集団行動で一糸乱れぬ振る舞いをする。そうしたことが求められた時代であれば、その教育方針でうまくいきます。しかし、バブルが弾けるとともに、集団の時代は終焉を迎えます。

目をアメリカに向けると、１９９０年代後半からアップルが「Think different」を掲げてiMacを売り、マイクロソフトは１９９５年に発売した「Windows95」から快進撃を始めました。個が強く、独創的な人たちを活躍させるアメリカ企業に対して、教えられた正解を真似することしかできない日本人と日本企業は太刀打ちできなくなってしまったのです。

ゴーアウトせず、業界や専門というコンフォートゾーンにこもってしまったからにほかなりません。それまで受けてきた教育が正しいか正しくないか判断する以前に、唯一の教育にすっかり染まってしまっているからだと思います。

日本人の資質を変えるには、まずは教育を変える必要があるでしょう。

ひとつの正解しかない世界でトップを目指すことがもっとも効率的だと思い、それが正しい選択になっている教育を打ち壊すことが必要かもしれません。

正解は教えず、正解を導くにはさまざまな方法があることを教え、そもそも正解がない問題があることを教え、その場合は試行錯誤を繰り返しながらさまざまな分野に触れさせ、あらゆる角度から考えてみることを教え、実際にやらせるのです。

それは子どもの教育だけではありません。大人になって社会に出ても、自分自身を教育することはできるでしょう。

企業勤めをしたのちベンチャー企業に転職したあるビジネスパーソンは、企業に勤務していた時代を振り返ってこう言っています。

「会社のなかには『ノープレー・ノーエラー』という考え方を持っている人が多かったですね。それはおそらく、年功序列型システムのなかで生まれてきた面もあるのではないでしょうか。横道にそれたり専門外にジャンプしたりするのは、とても時間がかかります。周囲のコンセンサスも得ながらやらなければならないとなると、とんでもないエネルギーが必要です。それをクリアしてでもやってみたいというハングリー精神が、今の企業人にはないような気がします」

このビジネスパーソンの指摘する「ノープレー・ノーエラー(何もやらなければ失敗も

しない)」という思考は、現在の日本人ビジネスパーソンの大多数をうまく言い表しているると思います。企業内や業界、専門性にとどまっている限り、それほど大きな失敗はしないからです。

だからこそ、私は本書の執筆を思い立ったのです。

従来の感覚だけで「ノープレー・ノーエラー」に陥らず、失敗というリスクを取ったうえで企業内や業界、専門性からゴーアウトすることが、最終的には自分の人生のリスクを減らすことになるからです。

自分の専門性ばかり掘り下げることに専念していたら、いつまで経っても現時点のコンフォートゾーンから出ることはできないのです。

コンフォートゾーンから出なければならない最大の理由は、生存確率を上げることだと言いました。

人類はゴーアウトすることで生存確率を上げてきたということも、冒頭のホモ・サピエンスの移住で説明しました。

かつてはそのゴーアウトで失敗したら、命を落としていました。100人ゴーアウトしたら、99人は死んでいたでしょう。しかし、今は傷を負うかもしれませんが、死ぬことはありません。コンフォートゾーンにとどまっても、コンフォートゾーンからゴーアウトしても傷を負うのであれば、その先の生存確率の高いゴーアウトを選択するのは、当然の帰結です。

ただし、一度や二度ゴーアウトしたぐらいで「何か」を成し遂げることはできません。100回トライしなければ、成果は挙げられないかもしれません。

それでも、ゴーアウトはもはやこれからの時代の必須の選択です。ゴールまで長い時間がかかったとしても、人生100年時代になって人生そのものが長くなることとマッチしているのではないでしょうか。

江戸時代にゴーアウトして大改革を起こした上杉鷹山

探索を「無駄」と断じ、深化を「唯一の正解」と考えるのは、それが効率的だと考えるからです。それは、ゴーアウトせずにコンフォートゾーンにとどまることの言い訳にもなります。

ところが、日本人が効率的な仕事をしないことは、各国との生産性を比較しても明らかです。

図15　各国の生産性比較

OECD 加盟諸国の労働生産性
(2021 年・就業者 1 人あたり／38 カ国比較)

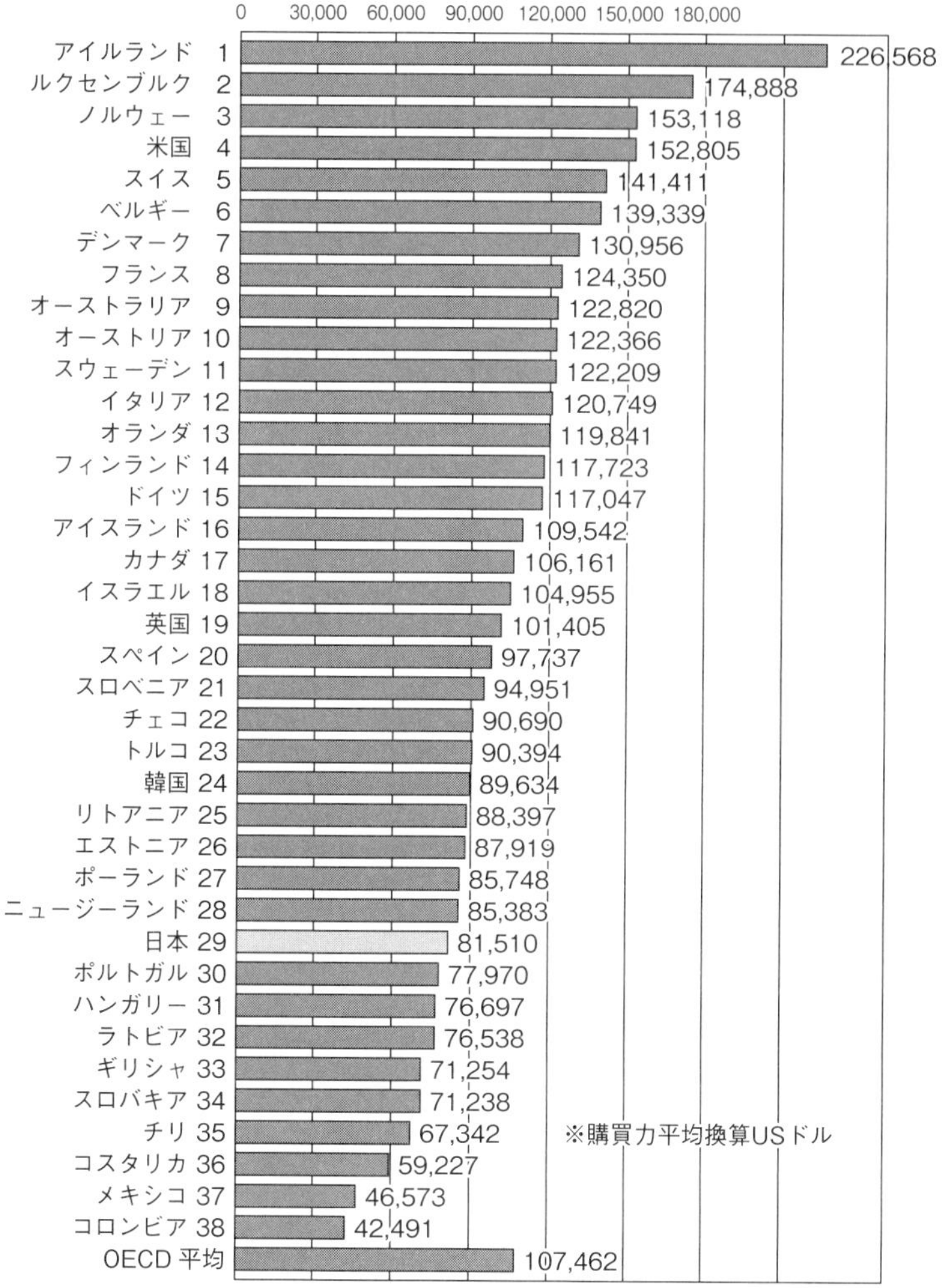

※公益財団法人日本生産性本部「労働生産性の国際比較 2022」資料より

過去の習慣やしがらみ、前例を引きずり、効率化することに抵抗するのが日本人の特徴といえます。コンフォートゾーンで自分の専門性を深化させることがもっとも効率的だと言っておきながら、効率化とは無縁の習慣や前例に寄りかかって生きているのです。それをなかなか捨てようとしません。

そのことで想起するのは、江戸時代中期に崩壊寸前の米沢藩を立て直した上杉鷹山です。童門冬二著『小説　上杉鷹山』（人物文庫）を参考に、上杉鷹山の業績について触れておきましょう。

上杉治憲（家督を譲り隠居してから17年後、剃髪して鷹山と名乗る）は、九州の日向国（現在の宮崎県）高鍋藩の藩主秋月種美の次男として生まれます。次男のため家督を継いだのは長男種茂だったため、母方の祖母が米沢藩第4代藩主上杉綱憲だったことが縁で、米沢藩第8代藩主上杉重定の養子となります。治憲が10歳のときのことです。その7年後の17歳のとき、上杉治憲は重定の後継として第9代米沢藩主となります。

その当時の米沢藩の石高は15万石、それに対して借金が20万両（現在の貨幣価値に換算すると150億円から200億円とも言われる）もありました。その主な原因は分不相応な人件費や、農村の生産性の低下でした。しかも、藩を運営するにはさらに借財を重ねなければなりませんが、誰も貸してくれません。

そこで、治憲は倹約と財政改革で藩の財政を立て直そうと動き始めます。

ところが、代々上杉家に仕えてきた重臣たちは、養子にすぎない藩主のやることすべてに反発します。農民に稲作のほかに漆や楮《こうぞ》、桑、藍などを育成させてそれらを原料としたさまざまな製品をつくり、それを高く売って稼ぐという産業政策も始めます。また、小さな川や沼、池の多い米沢の地形を生かし、当時裕福な大名がこぞって買っていた美しい鯉を育てたり、その他さまざまな原料から付加価値の高い製品をつくって売るという産業政策を始めます。その労働力として農民のほか、武士と武士の家族をあてようとする治憲に、重臣たちは邪魔をしようと画策します。

それは、従来のままでも乗り切れると重臣たちは信じているからです。従来からの伝統を守ることが、自分たちの仕事だと思っているからです。そして、武士にも農民と同じように作物を栽培させたり、内職をやらせたりする治憲に対して、それらは武士の仕事ではないと思っているからです。

では、重臣たちはどのような仕事をしていたのでしょうか。

それは「政治《まつりごと》」です。しかし、その政治というものの実態は、次のセリフが言い当てています。

「その政治だが、藩士の大半は机の前で文書をもてあそび、しかも、文中の〝を〟は〝に〟ではないかとか、〝へ〟ではないか、とそんなくだらない論議で毎日を送っている……いいのかな、それで」（童門冬二著『小説　上杉鷹山　上』）

このおかしさに下級武士から気づいていき、やがて藩全体のムーブメントにまで昇華させ、米沢藩は治憲の次の次の代で借金を完済します。

上杉治憲は、米沢藩をどっぷり浸かっていたコンフォートゾーンからゴーアウトさせ、新たなものと従来のものを結合させながらイノベーションを起こし、財政立て直しという成果を生みました。

しかし、治憲に抵抗する勢力は、自分が今やっていることが正しいとかたくなに信じきっています。それが最善の策だと信じているから、ゴーアウトして新しいことをしようとは思わず、治憲を引きずりおろそうとします。現代にも同じようなことがあるのではないでしょうか。

もしかしたら、重臣たちも治憲の施策の有効性を心の底ではわかっていたのかもしれません。でも、それを認めてしまったら、それまでの自分の人生を自ら否定することになり、これまで培ってきた自分の存在価値がなくなるという恐怖に怖気づいたのかもしれません。これが、上杉鷹山のストーリーです。

コンフォートゾーンにとどまり、ゴーアウトしないことによる弊害が発生する事態は、はるか昔から連綿と続いています。にもかかわらず、のちの世代の人はその歴史から学ぼうとしていません。

上杉鷹山が気づいたように、日本で最後に気づいたのは戦後から高度成長にかけての一時期だったと思います。敗戦によってコンフォートゾーンが破壊されてしまったので、ゴーアウトするしか生き残る方法がなかったからです。

しかし、高度成長によって再びコンフォートゾーンを構築すると、日本人はまたそこに逃げ込んでしまいました。次に気づくのは、現在のコンフォートゾーンが破壊されたときかもしれません。それでは遅すぎる。どうせチャレンジするのであれば、壊れてしまう前にチャレンジしたほうが、生存の確率が高まるからです。

もはや、現代のコンフォートゾーンは壊れ始めています。

ドルベースで言えば、日本の所得は急激に落ち込んでいます。現在の円安がそれに拍車をかけています。

眼科でもそれは同じです。眼科の市場は、首位のアメリカに次ぐ2位の座に、長く日本が座っていました。それも、中国に抜かれました。その要因のひとつとして、世界で起こっているさまざまな眼科のイノベーションが日本に入ってこなくなってしまったことが挙げられます。ある一定の市場規模で満足し、そのコンフォートゾーンから出なくなってしまったからにほかなりません。

日本の優れた面は、国民皆保険で保険診療が行き渡っている点です。そのため、多くの人が標準的な医療を享受することができます。これは、他国にはない日本の文化的な生活水準を上げる役に立っています。

しかし、保険診療に寄りかかりすぎているため、保険診療でカバーできない医療が入ってこない。非常に高額な医療や、最先端の医療のことです。健康保険は国家が取り仕切っているため、国家が認めない限り入ってきません。

それでも、15年ほど前は、世界で起こったイノベーションの7割ぐらいは日本で使えました。おそらく、今は5割を切っています。日本の医療は最先端だと信じている人は多いかもしれませんが、実は、最先端医療の半分以上が日本に入ってこないという実情を知らない人が多すぎるのではないでしょうか。

多くの日本人はそれを知らなくても、コンフォートゾーンにいる限り他国と比較することはありません。生活にとくに不自由がなければそれでいいと思っているのかもしれません。ところが、最先端の医療があれば死なずに済んだ人、失明せずに済んだ人がいるのは確かなことです。

本当に、今は切羽詰まった状態です。

1100兆円の借金があり、円安が進行し、原油や天然ガスはこれからも輸入に頼らざるを得ないうえ、唯一の外貨が獲得できると考えられた自動車産業は、電気自動車への交替で先細りになる。

一部の条件を挙げるだけでも危機的な状況なのに、コンフォートゾーンにいたままでいいのでしょうか。日本政府が画策した「1億総中流」というキャンペーンは一時的に成功しましたが、その中間層が破壊され、現在は富裕層と貧困層に二分されようとしています。自分は貧困層ではないと高をくくっている人が多いと思いますが、このままコンフォートゾーンに居続けたままでは、貧困層に転落する人が増えてくるのは間違いありません。

今こそ、日本列島にホモ・サピエンスが来たときのようにゴーアウトし、新たな地平に向かって行くときではないでしょうか。それが貧困層への転落を防ぎ、人生100年時代を豊かに生きるための唯一の方法なのです。

専門分野を拡張し掛け合わせることでチャンスをつくる

T型は効率が悪いかもしれませんが、ほんの少し横にずれたり、遠くにジャンプしたりすることが、大きな価値を生みます。それをイメージしたのが次の図です。

基本的に、多くの人が「プチT型人材」であると言いました。それが図16の⓪の部分です。大きく見えますが、たいしたことはありません。専門性を深掘りするI型でもなく、T型の横棒は単に企業内の異動で業務が変わっただけのことです。

T型の横棒の両端とI型の深化の最下部を線で結ぶと、逆三角形になります。その面積が、現在のその人の能力を表していると考えてください。

1章でお話ししたように、専門性を深めるのは不可欠です。現在の状態よりI型を伸ばさなければ、これから先、生き残ることはほぼ不可能です。ある人が①の分だけ深化させたとします。このとき、ゴーアウトせず探索をしなければ、逆三角形の面積はそれほど大きくなりません。別の人が②まで深化させても、①まで深化させた人と比較してそれほど大きな差にはなりません。

図16　T型人材の効果における能力の拡張

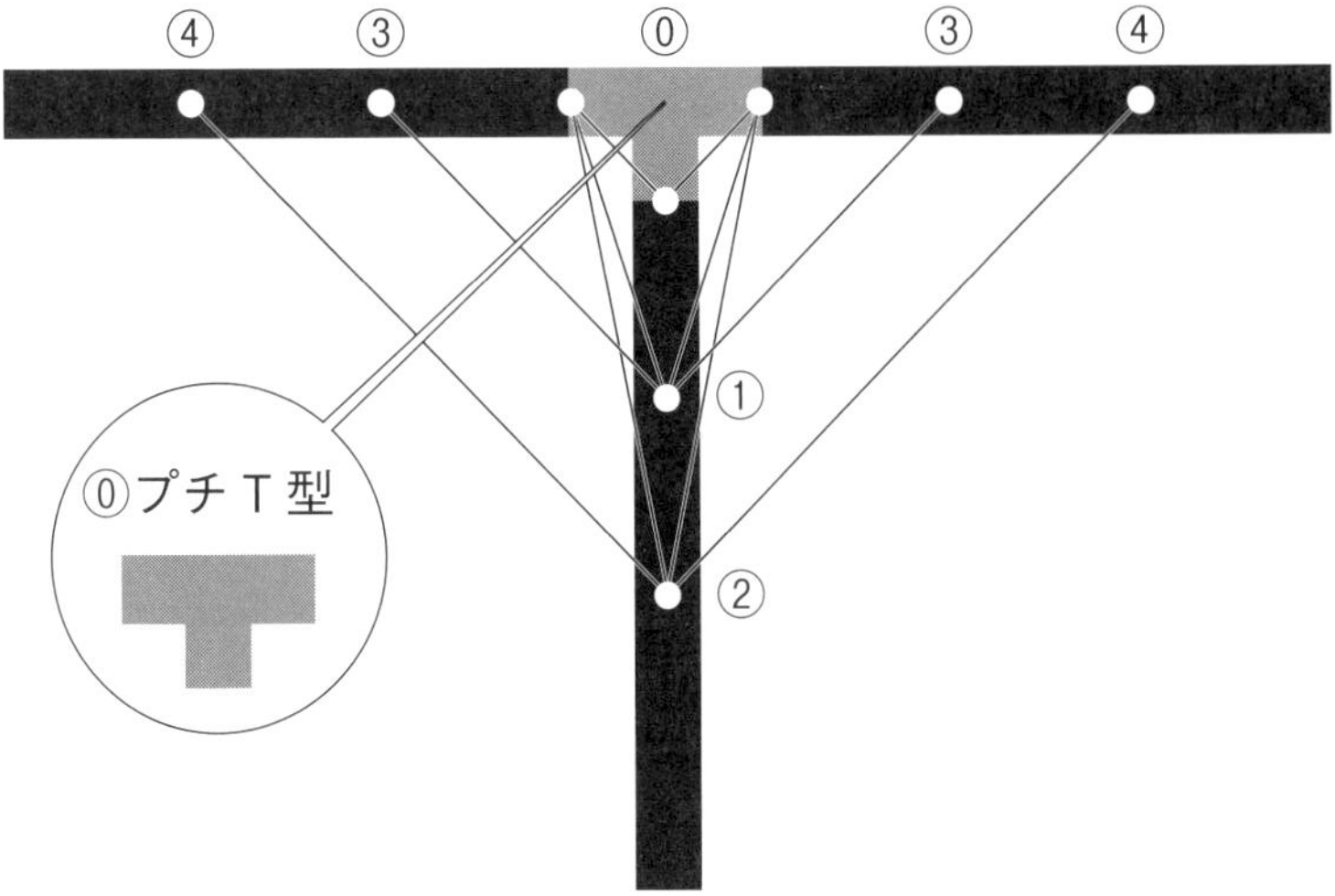

一方、深化は避けて通れないので先ほどのケースと同じだとすると、同時にゴーアウトして探索をした人が③まで広げたとします。すると、逆三角形の面積は大きく広がります。さらに②まで深化させ、④まで探索で広げたとしたら、その人の能力は大きく広がることになります。

さて、探索を考えるとき左右の領域を一律に③④と置きました。しかし、この左右も分けて考える必要があります。

私の考えは、右側には自分の仕事に少しでも関連すること、とはいえ業務とは違うことをやる領域を置きます。たとえば建築を専門にしている人が世界の芸術を学んだり、幾何学や統計学を学んだりすることがそれにあたります。

私の場合は、2000年から始めて22年間取り組んでいるアンチエイジングがそれにあたります。日ごろから、常にいろいろなことに興味を持ち、T型になっていたからこそ出会えたと思っています。

事の発端は、1997年に南青山に「南青山アイクリニック」というレーシックの手術を専門に行うクリニックを開いたことから始まります。

何例もの手術を行っているうちに、レーシックをすると女性が可愛らしくなることに気づきました。はじめのうちは、眼鏡をしていた人が眼鏡を外したことで可愛らしくなると思っていました。ところが、そのうちコンタクトレンズをしていた人もレーシックによって可愛らしくなることに気づいたのです。おじさんが可愛くなることはありませんでしたが、女性も男性も、若々しくなることは共通していました。

「これは、見た目の問題ではない」

とはいえ、目が大きくなった気がしたので、実際に測ってみました。すると、レーシック手術を受けた人の目の大きさが、コンタクトレンズをしている人より平均で

0・9ミリ大きくなっていることがわかりました。

私たちは『American Journal of Ophthalmology』にその事実を報告します。レーシック手術をすると、目が大きくなるから若返るという論文です。

しかし、調べていくうちにどうもそれだけではなさそうだということになり、1997年から「人はどうして若返るのか」について調べ始めます。すると、アメリカにアンチエイジング学会があり、アンチエイジングの学問があることを知りました。

そこから、アンチエイジングについての本を10冊、エイジングについての教科書を10冊、そのほかにさまざまな論文を読み始めます。十分に勉強したうえで、2000年にアメリカとヨーロッパの専門家に会いに行きました。

自分でリストアップし、ハーバード大学や、全米でもっとも優れた病院のひとつに数えられるメイヨークリニックなど、さまざまな人に会いに行き、アンチエイジングについてインタビューを重ねました。そのときにもっとも波動が合ったのが、デンバーにいたテリー・グロスマンという先生でした。

これこそが、まさにゴーアウトです。

これを経て、私はアメリカのアンチエイジングの専門医の資格を取ろうと勉強をし始めました。第2章で、私が年賀状にその年にやろうとしていること、やりたいことを書くとお話ししました。例のバントネタ、ヒットネタ、ホームランネタ、大ホームランネタです。そのヒットネタに、アメリカのアンチエイジングの専門医の資格を取ると書きました。

すると、後輩の内科の先生が「私もそれを取りたいから、一緒に取って学会をつくりましょう」と言ってきました。それも契機となり、日本アンチエイジング学会が立ち上がったのです。これにより、人類史上初めてエイジング（年を取る）のイメージが変わったと私は確信しました。

かつてのエイジングのイメージは「弱くなる」「動けなくなる」「セクシーではなくなる」「人生がつまらなくなる」などでしたが、アンチエイジングの時代は、年齢を重ねれば重ねるほど「成熟する」「友だちが増える」「能力が上がる」「経済的にパワフルになる」「好きなことができる」「時間的な余裕ができる」など、若いときよりもむしろ良いことがたくさん起きてくる。そんな考え方ができるような新たな発想が生まれたのです。

一方、反対の左側には仕事とはまったく別の領域、たとえば私のようにトランペットの演奏を始めたり、トライアスロンに挑戦したり、洋の東西を問わず映画を見まくったりすることを指します。

先ほど挙げた『Dark Horse』では、ウェイトレスをしていたジェニーが天文学を学び、不動産ビジネスをしていたジャックが紳士服のテーラーを学んでいます。そうした「距離」が専門性との間にあればあるほど、左側は効果をもたらす可能性が含まれています。

ただ、私はこう分けて考えますということを申し上げたまでで、その分け方も自分なりに決めればいい。そこに唯一無二の正解などありません。

「いわれなき万能感」を武器に違う領域に飛び込む

私もゴーアウトすることで眼科というフィールドからアンチエイジングや企業経営などの違う領域に飛び出していきましたが、ほかにもそういう人は数多くいます。

2章で、2009年にJINSの田中仁社長との出会いがあり、そこから新たな発想の眼鏡が生まれたことをお話ししました。その田中社長も、もともと眼鏡を生業にしていたわけではありません。田中社長は田中社長なりのゴーアウトのストーリーがあります。

田中社長の実家は、群馬県前橋市でガソリンスタンドを経営していました。後継者の長男は大事に育てられる一方、三男の田中社長は期待もされず、周囲に迷惑をかけないように言い含められていたと著書（『振り切る勇気　メガネを変えるＪＩＮＳの挑戦』日経ＢＰ　以後、同書を引用・参照）で語っています。

そうした環境のなか、田中社長は「いつか起業できたらいいな、というぼんやりとした夢」を持っていたといいます。将来の起業のために最初の職場として地元の前橋信用金庫（現しののめ信用金庫）を選び、ビジネスを学びます。

ところが、田中社長が22歳だった１９８５年の大みそか、支店長命令で午後9時をすぎてから預金を集めろという命が下ります。田中社長は地元の名士を訪ね、預金をお願いすると、こんな言葉をぶつけられます。

「大みそかに金をせびりにくるなんて、お前は乞食か」

田中社長は、この屈辱的な言葉で起業を決意します。信用金庫を辞めていったんは知人の会社に転職して起業の準備を行い、晴れて１９８８年に有限会社ジェイアイエヌを設立します。

事業内容は雑貨の企画制作。当初はうまくいきませんでした。資金繰りにも困るなか、業績が上向いたのは「エプロン」でした。そこから事業は好循環に入り、そのあとに「化粧ポーチ」を企画して成功、1993年には年商4億円、経常利益3500万円以上の会社となります。30歳だった田中社長は有頂天になり、高級車を買って毎晩飲み歩くなど、調子に乗ってしまいました。

しかし、すぐに経営は傾きます。エプロンや化粧ポーチでは差別化が図れず、1998年にはついに2000万円の赤字に転落します。そこで、社内での戦略会議を経て中国製のバッグに方向転換します。これが大当たり。2000年には年商7億4000万円、経常利益6000万円とV字回復を果たします。しかし、こんどの田中社長は調子に乗りませんでした。この好調が長続きするわけがないと、バッグに続くヒット商品を探していました。

過去最高益を出した2000年、田中社長は友人に韓国旅行に誘われます。それまで雑貨の仕入れで数回訪韓していた田中社長ですが、旅行は初めてでした。そのときに目に入ってきたのが、日本語のポスターです。

「メガネ1本3000円。15分でお渡しします」

田中社長にはピンときませんでしたが、友人の興奮した様子に興味を持ちます。そこで日本の眼鏡事情を調べました。

日本で眼鏡を買うと、1本最低3万円する。
店頭で視力を測り、その視力に合った度数のレンズを取り寄せる。
眼鏡を選んでから受け渡しまで何日もかかる。
眼鏡店には客がいない。店員のほうが多い。
それでも日本の眼鏡業界は儲かっている。
高額な小売価格のため、それでも十分な利益が出る。
この業界構造に誰も異を唱えず、当たり前の常識として成り立っている。

田中社長は、これをチャンスととらえます。参考にしたのは、ユニクロがSPA(製造小売り=Speciality store retailer of Private label Apparel)モデルで低価格フリースを大ヒットさせたケースです。眼鏡も製品の企画開発、製造、販売までを一手に引き受ければ、価格を大幅に下げられると踏んだのです。眼鏡をSPAモデルで売った人はいませんでした。

紆余曲折はあったものの、田中社長は大成功をおさめます。

信用金庫勤めからゴーアウトし、雑貨屋としてエプロンと化粧ポーチからバッグにシフトしているときにゴーアウトし、新たな眼鏡という鉱脈を見逃さなかった。眼鏡をSPAモデルと結合させることで新たなビジネスを構築した。これまで私が語ってきたゴーアウトの効果を体現しているような人です。

また、あとから気づいたことですが、世界中で日本だけ眼鏡の処方の規制が弱かったのです。アメリカでは「オプトメトリスト」という役割の人がいて、その人が処方しないと買えません。完全に医療行為です。ところが、日本はそこが緩かったから眼科に行かなくても買えます。そのため、すぐに全国展開することができました。

田中社長が眼科の世界を知らなかったこともJINSが成功した理由のひとつだと思います。知っていれば、既存の業界の慣習に怖気づき、ゴーアウトできなかったかもしれないからです。田中社長も、海を渡ったホモ・サピエンスのように、これはうまくいくに違いないという「いわれのない万能感」があったのだと思います。

図17　錯覚の例

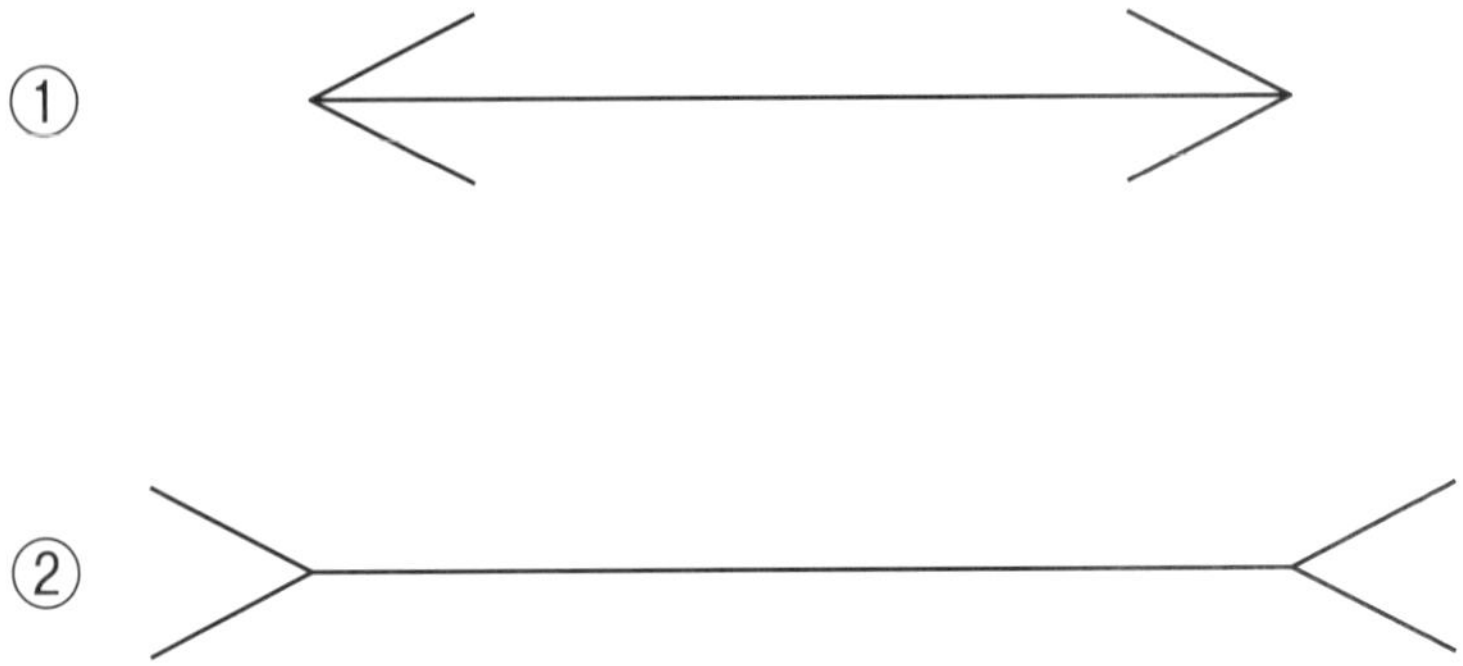

錯覚という概念を考えるとき、必ず出てくるのが次の図です。

2本の直線は同じ長さですが、図17のように短い線を加えると①が短く見え、②が長く見えます。直線は同じ長さだとわかっていても、視覚的な錯覚、錯視は必ず起こります。つまり脳には、錯覚が当初から存在しているのです。

この「いわれのない万能感」は「ポジティブ・イリュージョン（＝Superiority Illusion）」と言い換えられます。

このうちのひとつが「自分はすごいと思う幻想」です。幻想と言っていますが、自分は周りよりも優れているという優越感は、まさにポジティブ・イリュージョンです。

二つ目が「自分にだけいいことが起こると

いう幻想」です。周りの買った宝くじははずれるけれど、自分の買った宝くじだけは当たるというポジティブ・イリュージョンがあるからこそ、多くの人が当選確率の限りなく低い宝くじを買うのです。

三つ目が「自分が物事をコントロールしているという幻想」です。宝くじは連番で買う人が多いと思いますが、バラでも買えます。そうしたほうが自分で選んだ感覚が強くなり、本当は関係ないとわかっているのに、なんとなく当たる感覚が強くなるというポジティブ・イリュージョンです。

田中社長には、このポジティブ・イリュージョンがあるのではないかと思います。自分はすごいと思う幻想は人類のＤＮＡに刻み込まれた強みにほかならず、それがあるからこそゴーアウトできるからです。

田中社長は子どものころ、夏にはカブトムシを誰よりも多く採ったといいます。カブトムシやセミを捕まえにいくとき、田中社長には「俺だけには捕まえられる」という優越感があったそうです。

本来は誰もが持っているはずのポジティブ・イリュージョンを封じ込めることなく、田中社長のようにどんどんゴーアウトしていただきたいと思います。

必要なのはイノベーティブな自分教育

すでに触れたように、私たちは「正解志向」とも呼ぶべき教育を与えられ続けてきました。それで今の日本人ができあがっていると言っても過言ではありません。

そこで、私たちが受けてきた教育というものを正確に認識する必要があります。それを表にしたのが次の図18です。

従来の教育を「オペレーティブ」、あるべき教育を「イノベーティブ」としましょう。両者を「正解」で見てみると、オペレーティブの正解はひとつ、イノベーティブの正解はそれぞれにとって複数あるので、たくさんあることになります。

また「失敗」について比較すると、オペレーティブでは失敗はしてはいけないものと考えられ、反対にイノベーティブでは失敗はどんどんしてそこから学び、より良いものをつくり上げることに主眼が置かれます。失敗は成功の源です。

さらに「正確性」を比較すると、日本に顕著にみられるように正確であることが何よりも優先されるオペレーティブに対し、イノベーティブは「まあまあ」「だいたい」

図18　従来の教育とイノベーションを生む教育の比較

	オペレーティブ	イノベーティブ
正解	ひとつ	たくさん
失敗	してはいけない	どんどんしろ
正確性	正確	まあまあ　だいたい
成功確率	100%	30%～70%
経験	プラスにはたらく	マイナスになるかも

という言葉で表現されるように、おおまかな方向性が重要視されます。正確性は最終的に詰めていけばいいのであって、当初はアイデアの質が重視されます。

したがって「成功確率」もオペレーティブでは最初から１００％が求められる一方で、イノベーティブはむしろ30％～70％程度でよしとされます。最初から１００％の正確性が求められると、どうしてもアイデアは小さくなってしまうからです。

そして「過去の経験」はオペレーティブではプラスに働き、イノベーティブではマイナスに働く可能性があります。過去の経験からゴーアウトできなければ、新たなアイデアは生まれないからです。とはいえ、過去の経験が未知のものとの結合によってイノベーションが起こるように、過去の経験をどう扱うかはその人次第です。

たとえば、航空業界でイノベーティブを重視しては困ることもあります。離着陸で失敗されてたら取り返しがつきません。機長からこんなアナウンスが入ったら、生きた心地がしないと思います。

「間もなく当機はホノルル空港に到着します。ただいまから当機は着陸態勢に入りますが、私、機長の坪田はイノベーティブなランディングに挑戦します。成功確率は30%から40%。失敗する確率は高いものの、この失敗は次世代の新しいランディングに生かされるので意義はあります。では、イノベーティブなランディングをお楽しみください」

ランディングに失敗したら死んでしまうので、航空業界がイノベーティブであるのは日々の航空機の運航ではありません。別のビジネス領域で行うべきです。

命を預かっている現場では、絶対に失敗しない方法を選ばなければなりません。それは医療でも同じです。

「あなたの白内障は、従来の術式で行えば問題なく完治します。でも、ここはゴーアウトすべきときではないでしょうか。私、執刀医の坪田が開発している新しい術式で手術をしませんか。このイノベーティブな術式での成功確率は70％です。10回の手術で7回は成功するので、かなりの高確率です。さあ、ゴーアウトしましょう」

失敗したら失明してしまうので、これでは困るのです。だから、オペレーティブな教育をいっさい否定しているわけではありません。

ただ、この教育だけを埋め込まれると、イノベーティブな領域に立つことができなくなってしまいます。医学部の学生にいつも口を酸っぱくして言い続けているのは、こういうことです。

「きみたちは、6年間オペレーティブな教育をされる。その教育に洗脳されたら、イノベーティブにはなれないよ。だから、オペレーティブの勉強はしなければならないけれども、常にゴーアウトして探索し続けなければいけないんだよ」

学生は、そう言えば気づいてくれます。もっとも重要なのは、失敗を許容する教育です。その資質が身につけば、ゴーアウトして探索する過程で起こる失敗も許容できるからです。もし日本の教育が変わらないのだとしたら、少なくとも自分自身で自分をイノベーティブに教育し続けることが必要です。

ゴーアウトを成功させるインプット術

私は年間200冊の本を読むと言いましたが、その内訳はノンフィクションが180冊、フィクションが20冊程度です。かつては、次の図19の左側のような読み方をしていました。

1冊のノンフィクションを読み始めたら、読み終わるまで次の本は開きません。ノンフィクションが中心ですが、途中でフィクションを挟むと、読むのに時間がかかるためノンフィクションを読んでいる時間がなくなってしまいました。フィクションは面白いですし、分厚い本や上下巻に分かれている長いものが多かったからです。

数年前から、読書のスタイルを変えました。それが図の右側です。ノンフィクショ

図19　本の読み方

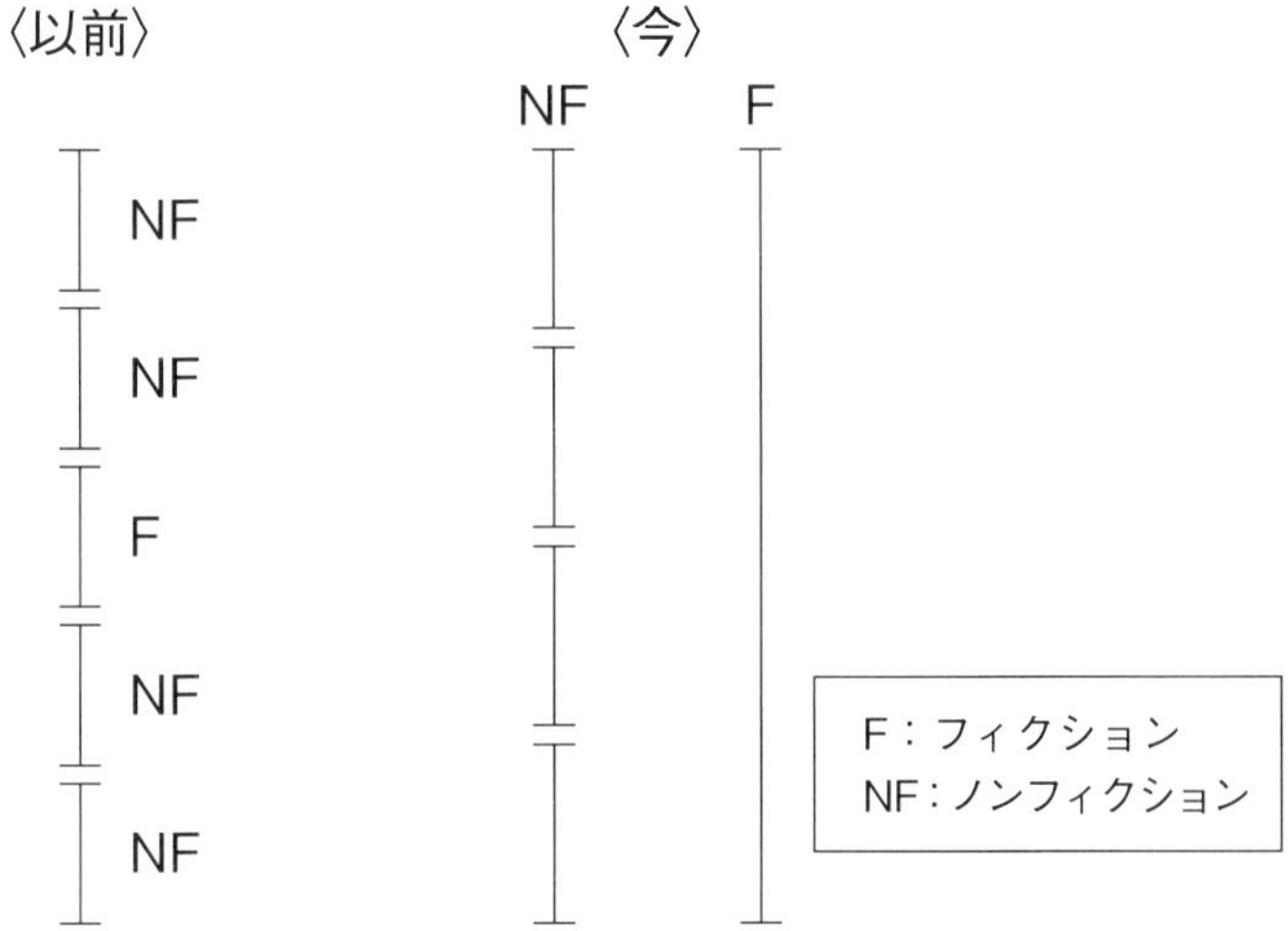

ンは全体の9割を占めるので、一方では立て続けにノンフィクションを読んでいきます。そして、フィクションの深い世界も読みたいので、ノンフィクションを読みながら、並行してフィクションを読むようになったのです。

これによって、読書のスピードがかなり速くなりました。フィクションを1冊読む間に、ノンフィクションは10冊ぐらい読めます。私にとっては、本の読み方のイノベーションが起こったのです。日本人は左側のスタイルの人が多いと思いますが、右側のスタイルのほうが圧倒的に読書量を増やすことができます。

ゴーアウトするための情報をインプットするという意味では、何を情報ソースにするかというのは重要な問題です。

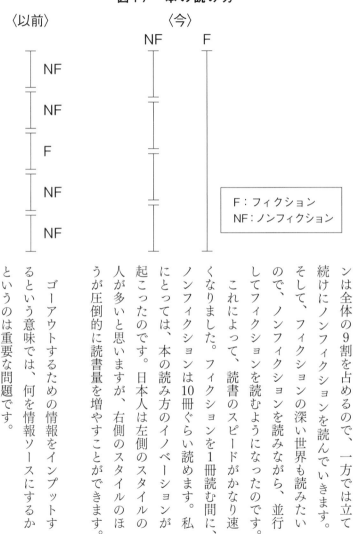

私の場合は本や論文が中心にあり、人と会食すること、講演などがあります。ほかにもYouTube、TED、Courseraなどのネット情報も有効に使っています。加えて、演奏会や演劇、映画なども重要なソースです。

すべてをそうする必要はありませんが、人と会うのはあらゆる情報収集の王道だと思います。その人のいろいろな考え方を知るだけでなく、その人の持つ一次情報を取りやすい面があるからです。その道の専門家は、一次情報を持っています。

論文を読むと、末尾に原著論文が出ています。私たち研究者は、この原著論文という一次情報を極めて大事にします。リソースを言えないと、情報として弱くなってしまうからです。

本書でご紹介した海部陽介さんの『サピエンス日本上陸　3万年前の大航海』では、巻末に5ページにわたって「参考文献」が掲載されています。たとえば「人類進化とホモ・サピエンスの起源」「旧石器時代の渡海（日本と世界各地）」「古代の舟」など項目別に一次情報が載った文献が紹介されています。なかなか急にはできないかもしれませんが、そういうものを見る習慣をつけておいたほうがいいと思います。

そもそも、なぜ一次情報に触れる必要があるのでしょうか。

まずは「正確性」です。二次情報は、ある人の解釈が入り、バイアスがかかっています。その解釈やバイアスは「その人」のオリジナリティなので、どこまでいってもその人のオリジナリティを超えることはできません。一次情報を自分らしく解釈したほうが、情報の価値は高まります。

また、一次情報は「広がり」が持たせられます。二次情報、三次情報は、解釈の幅が狭められているものです。極論すれば、一次情報は360度の解釈が自由にできる一方で、二次情報は感覚的に180度以下、三次情報に至ってはその半分以下になってしまう。一次情報は、どのような解釈も自由にできると考えていいでしょう。

自分の持っている情報に、新しい情報を掛け合わせることで価値が生まれます。その時点での自分の情報は限定的ですが、あらゆる方向に広げることができる一次情報を組み合わせれば、それだけ無限の価値に変えることができるのです。

自分の持っている情報に幅と深さがあれば、価値を生むことができます。一次情報に触れるのであれば、深化をおろそかにせず、新たな結合を起こしましょう。

一次情報のインプットに関して、もうひとつクリアしなければならない問題があります。文献に記載されている出典が、英語で書かれたものが多いからです。

世界に流通する一次情報の99％は、英語で書かれたものです。すぐには無理だとしても、ゴーアウトして新たな世界を覗くのであれば、英語の勉強には否が応でも立ち向かうしかありません。

日本人が苦手なのは英会話です。もちろん英会話をマスターすれば、外国人とのコミュニケーションに不安を覚えることも少なくなります。ゴーアウトへの障壁が低くなるのは間違いありません。

しかし、それはなかなかハードルが高い問題です。そこで、少なくとも英語で書かれた書籍や論文、英文で掲載されているインターネットの一次情報を読めるようになるため、リーディングだけでもできるようになることを目指しましょう。

ただ、これからテクノロジーの発展によって翻訳技術が飛躍的に高まれば、英語の問題は今よりクリアできるかもしれません。そうなると大事になるのは、原著にアクセスする習慣です。その習慣はすぐにでもできることなので、今日からでも始めてみてはいかがでしょうか。

記憶の原理からして、一度読んだだけで覚えることは絶対にあり得ません。人間の脳は、何度も出てきたものを重要だと判断する機構になっているため、せっかく一次情報を仕入れてもそのままにしておけば、必ず忘れてしまいます。

ゴーアウトして新たな世界に触れたとき、せっかく頭のなかに入れた一次情報を忘れてしまっては、結合のチャンスがきてもそれを生かすことはできません。

それをどうやるか。

人によって正解はたくさんありますが、私はこうしています。1回目は、興味関心が惹かれた部分を折りながら黙読します。2回目は、折ったところを録音しながら音読します。そして3回目は、録音したものを聞きます。この工程を踏めば、記憶に定着させたいことに3回触れることになります。これで100%と言うわけにはいきませんが、かなりの確率で記憶することが可能です。

そのうえで、その内容を人に話します。人に話す前には、細かい数字などをもう一度確認する作業もしますので、さらにその情報に触れることになります。

先ほど「教えることは学ぶこと（Teaching is learning）」と言いましたが、教育には自分の頭のなかにコンテンツがなければできません。言葉にするときには、その分量の10倍ぐらいの情報量から選ばなければ厚みが増しません。仕入れた一次情報を記憶に定着させようと務めるのは、教育者としての準備だけでなく、ゴーアウトすることの効果と価値を高めるためでもあるのです。

一次情報のインプットをT型人材とからめて考えると、自分が読んだ本、読んだ論文、見たインターネット情報、見た映画・演劇・演奏会、会った人などをT型の図のどこに当てはまる情報なのか整理することも効果的です。

もちろん、興味の赴くまま情報を手に入れてかまいません。ただ、それを読み終えたあと、見終わったあとに、その情報が自分の仕事と関係あるのか、関係あるとしたらどの程度近いのか、遠いのか。また、関係ないとしたら、それはどの程度関係がないのか、自分なりに把握するのです。

つまり、これをやることで常にゴーアウトを意識し、T型をいつも意識することにつながります。

結果として、手に入れる一次情報が自分の仕事に偏っていたとしたら、印はIの近くにしかついていないはずです。また、自分の深化が浅ければ、同じIでも浅いところにしか印はつきません。自分の使っている時間が、Iにしか印がつけられないのだとしたら、自分は探索が足りないことが即座にわかります。

その作業をすることで、自分の持つ専門性と手に入れた一次情報がどのように結びつくかを常に考える習慣も身につきます。

これは一次情報のインプットだけではなく、行動についても同様です。

映画を見に行く、芝居を見に行く、業界の人に会いに行く、業界外の人に会いに行くなど、これらを位置で示すことができます。

この習慣が身につけば、「～をやっても無駄」という概念がなくなります。なぜなら、すべての行動はT型のどこかに分布するはずだからです。

ゴーアウトしてどこを探索しても、それは常に自分の専門と何らかのつながりがある。自分の発想によっては、何らかの結合が起こる可能性がある。それを常に考える習慣を、この作業によってぜひ具現化してみてください。

アウトプットで「知」を高める

情報は、外から得るものだ。そう規定する人が多いと思いますが、実は内部から出てくる情報もあるのです。

自分で考えるうちに、自分のなかから出てくる「知」があります。頭のなかが常に外部から得た情報で満たされてしまうと、その行為が抑制されてしまいます。人類はくだらない情報だけで生きていると、その場その場をあてもなく生きるだけになってしまうのです。

もちろん、外部から情報を入れることは必要不可欠です。むしろ積極的にゴーアウトして情報を入れていかなければ、新しい結合は起こりません。

ただし、インプットとアウトプットの間には「間（ま）」があるはずです。このサイクルは絶対に必要なので、わざと情報から離れてインプットを遮断し、自分の頭で考える時間を確保することが重要です。

どうしても日本人はインプットに偏りがちで、アウトプット能力が低いのが一般的です。アウトプットするチャンスがないこと、アウトプットするのが恥ずかしいと考えてしまうことが大きな原因ではあります。それに加え、インプットとアウトプットの間に考える「間」がないことも、日本人のアウトプット能力を高めてくれない要因のひとつなのではないでしょうか。

その場所や機会は、自分の力でつくり出す必要があります。通勤時間をスマホを見て過ごすのではなく、ぼんやりと頭のなかの情報と情報を結びつけてみる時間に充てるのもいいでしょう。

私の友人のひとりは、風呂に入っている時間をその「間」に充てているそうです。仕事の資料を作成しているとき、その他何かをつくっているときに煮詰まったときにも、その作業をやめて風呂に入るのだといいます。

ジョギングをする人は、走っている最中、音楽を聴くのではなく、自分との対話の時間とするというのもよいかもしれません。

私の友人のようにその機会が決まっている人はそのまま続けてかまいません。まだ決まっていない人は、とりあえず何かに決めてやってみて、もし、それがうまくいかなければ別の機会に変えていくとよいと思います。自分に合った場所と時間が見つかれば、それを習慣にしてみてください。


そもそも、インプットはすればするほどいいというわけではありません。すべてはホルミシス仮説で説明できます。

ホルミシス仮説とは、大量に被曝すると身体に悪影響を及ぼす放射線も、わずかな量の被曝はむしろ免疫機能を向上させ、身体機能を活性化させ、健康を促進し、老化を防止するなど良い効果が得られるとする仮説です。

たとえば読書。まったく読まないのはマイナスの効果しかもたらしません。したがってスタートはマイナスからですが、少しでも読むことでプラスに転じます。そして読めば読むほどプラスの効果は増大していきますが、読みすぎると頭のなかで消化

図20　ホルミシス仮説的グラフ

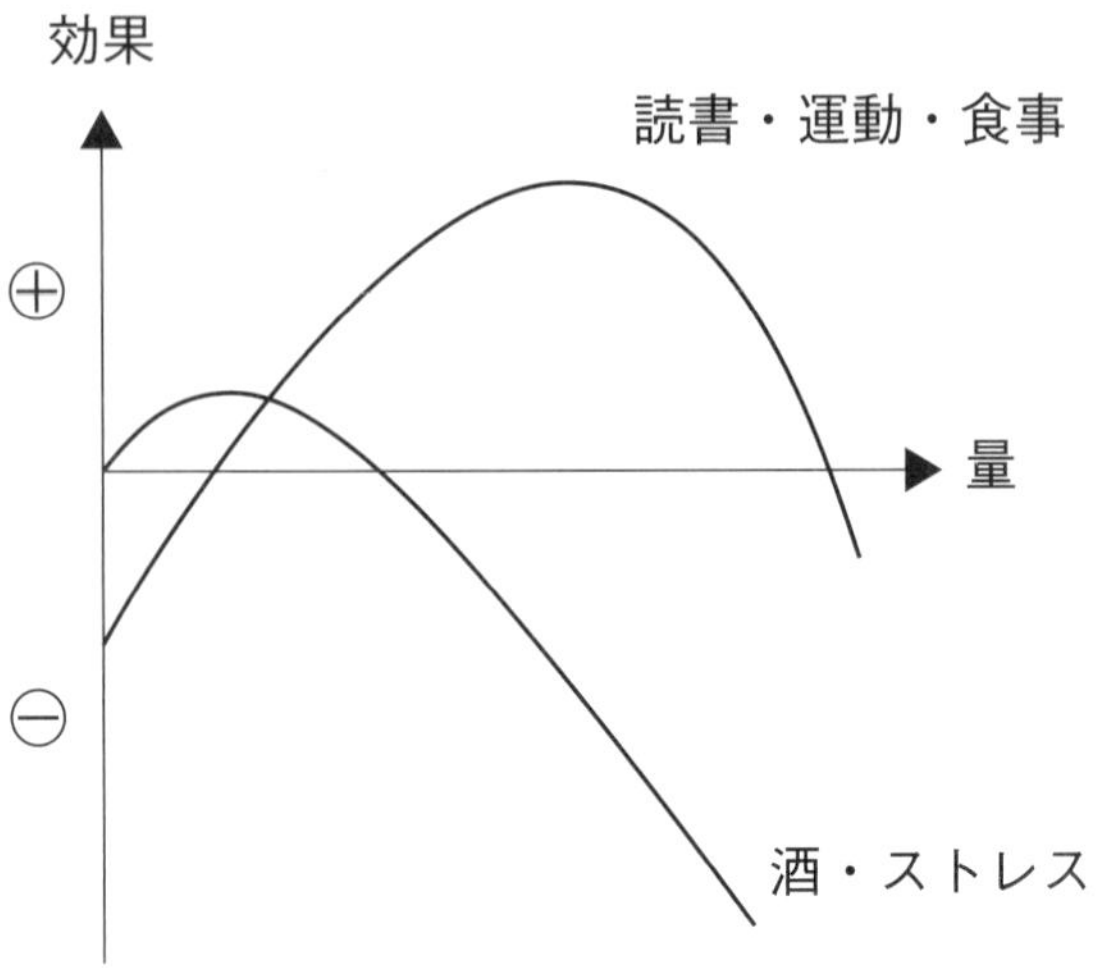

しきれず、むしろ頭のなかが飽和状態に陥り、マイナスの効果が上回ってしまいます。

運動も同じです。まったく運動しないのは、健康にとってマイナス要因です。少しでも運動すると、血流が良くなり筋力がアップ、脂肪が燃焼して軽くなり、健康にプラスの効果をもたらします。しかし、これもやりすぎると筋肉や関節に負担をかけてしまい、怪我の原因となります。

食事も同様です。まったく食べないと命に関わるほどのマイナス効果ですが、食べれば食べるほど健康的な肉体を形成してくれます。しかし、食べすぎると逆に命の危険のあるマイナス効果をもたらします。

面白いことに、ホルミシス仮説はお酒にも言えます。お酒は飲まなければプラスにもマイナスにもなりません。少し飲んだ場合は「食欲増進」「ストレスの緩和」「血行促進」「人間関係を円滑に」（サントリーホールディングスＨＰより）などのプラスの効果があります。しかし、飲みすぎると「急性アルコール中毒」「さまざまな臓器障害」といったマイナスの効果が顕著になります。

お酒と同じことはストレスにも言えます。ストレスは、何も感じなければプラスでもマイナスでもありません。適度なストレスは、人間のパフォーマンスを上げるスパイスになるため、プラスの効果が生じます。しかしストレスが強くなるにつれてマイナスの効果のほうが上回り、マイナス効果の水準はどんどん強くなっていきます。

普段、まったく本を読まない人が私のように年間２００冊を読んでも、読んだ努力は賞賛されたとしても、読んだ２００冊の本の内容はほとんど覚えていないのではないでしょうか。それればかりか、苦行のように読んだ経験が読書嫌いを招き、読む前より本嫌いになってしまっては元も子もありません。

ジョギングでも、今日からジョギングを始めた初心者がいきなり20キロを走ろうとしても、マイナスでしかありません。

適度にインプットしたら「間」をつくり、自分の頭で消化してからアウトプットをしてみる。アウトプットできるほどインプットした情報が整理できたら、さらにインプットを探し求めてゴーアウトする。そうしたサイクルを構築し、探索の重要な要素であるインプットを質の高いものにしていただきたいと思います。

5章

作られた枠の概念から飛び出す

T型人材で「世界二」を目指す

私は、自分の専門分野で世界一を目指しています。

ただ、人によっては「なぜ世界一を目指さなければならないのか」という意見も必ず出てくると思います。

それは、私が世界一になりたいから、なれなくても世界一を目指している状態が気に入っているからです。そもそも、私は2番手を目指している自分が嫌いです。

とはいえ、世界一を目指すという概念は稚拙だとわかっています。ビジネススクールに行けば、こう言われます。

「世界一なんか目指すな。世界一を目指すぐらいだったら、利益の最大化を目指せ。だいたい世界一という定義は、あまりにも曖昧すぎる」

業界のなかで「一番」になるとはどういうことでしょうか。

「もっとも安い価格を出すのが『一番』なのか？」
「もっとも売り上げが大きいのが『一番』なのか？」
「もっとも品質が良いのが『一番』なのか？」

なるほど、どれを「一番」とすればいいかわかりません。だから、ビジネススクールでも一番を目指すなどという概念は妥当ではなく、自分の会社がもっとも利益を得て、永続するための手を打ったほうがいいという見解でした。世界一は、他と競争していることになる。戦うべきは他ではなく、自分であるという考え方です。

本当は、私も世界一などという「幼稚な」発想をしていてはいけないのかもしれません。でも、現在の日本企業が殻を破れないひとつの要因として、私は「前年対比」を指標にする発想があると考えています。

過去の自社と比較してアップしたとしても、それで世界のなかでの立ち位置がわかるのでしょうか。立ち位置がわからず、生き抜いていけるのでしょうか。そして、なんとなくこぢんまりとまとまっている状態が、本当に自分や自分の会社がやりたいことなのでしょうか。

すでにお話ししたように、私はやりたいことをやりたいと思って生きています。人生は、やらなくてはならないことは存在せず、やりたいことだけで生きていきたいのです。

橋がかかっていない川を渡り、その先にある高みを目指したい。3万8000年前のホモ・サピエンスのように、激しい海流の流れる海を渡り、遥か向こうにある島に行きたい。そこには、新たな出会いがあるはずです。新たな出会いによって自分の持っているものと結合し、新しい何かが生まれることを期待しているからです。

世界一になろうというのは、その象徴のようなものです。世界一という言葉に引っ掛かりを覚える人はこう言い換えてみたらピンとくるでしょうか。

「枠を取り払い、突き抜けた場所を目指す」

自分の実力をそこまで冷徹に分析することなく、「いわれなき万能感」「ポジティブ幻想」を持っているはずの人類の原点に戻り、実力を顧みずに挑戦する。

それが、従来の枠のなかからゴーアウトし、やりたいことをやるという場所にたどり着くための唯一の方法だと思うからです。

医師になるための国家試験を、日米同時に取得したことはお話ししました。その当時の私が試験でビリを取ったこともお話ししました。私より優秀な人たちばかりのなかで、ビリの私が実力も顧みず、無謀なことをやると見えたのでしょう。

「おまえ、ばかじゃないの？　そんなことしたら、両方とも落とすぞ」

これが、日本人一般の考え方を象徴した言葉だと思います。でも、私は自分の実力はともかく、両方の国家試験を受けたかった。受けて合格したかった。そのために必死で勉強したのです。

これは、当時の私にとっては突き抜けた目標だったと思います。その突き抜けた目標を持ち、頭のなかで夢想するだけでなく現実としてゴーアウトしたからこそ、アメリカの医師免許というユニークな経歴を手にすることができたのです。

この本を読んでくださっているみなさんは、おそらく今、日本に住み、日本で働いていると思います。時おり海外に出張することはあるかもしれませんが、本拠地は日本でしょう。だからといって、日本は日本だけのものではなく、世界のなかに日本は位置づけられています。国境を過剰に意識することなく、世界のなかで立つ自分を意識することが大切です。日本というフィールドでやりたい何かを探すのではなく、世界というフィールドで探せば、否が応でもゴーアウトしなければならなくなります。したがって、T型を伸ばしていくのは、当然のことながら日本のなかだけではなく、世界のなかで広げていくことも大切なのです。

私の感覚では、行きたいところに行こうとしている人、やりたいことをやろうとしている人は強いと思います。

なぜなら、少々うまくいかなくても、さまざまな障害があっても、転んでも傷ついても立ち上がり、また行きたいところ、やりたいことにチャレンジすることがわかっているからです。だから、それは失敗ではありません。

世界一になろうと思いましょう。枠を取り払って、突き抜けた場所を目指そうと思わなければ、行動は伴いません。

オリンピックを目指すアスリートたちは、誰もが世界一になって金メダルを取りたいと思っています。日本人アスリートも、例外ではありません。金メダルを取ろうと思って努力し、現実に金メダルを持って帰るアスリートもいます。

体格や筋力などどうしようもない能力差がありながら、それでも日本人は外国人アスリートを蹴散らしてでも金メダルを取りたいと熱望します。それを笑うことができるでしょうか。日本企業も、グローバル企業にはかなわないと諦め、世界一になることを放棄せずに世界一を目指してもいいのではないでしょうか。

日本人アスリートは、結果を出しています。日本企業も、結果を出せるはずです。そのためには、まずは世界一を目指す心持ちを固め、世界一になるために必要なゴーアウトを実行して、何度も立ち上がる心構えを持ってもよいのではないでしょうか。

自分を信じひとりで行動せよ

海外で開かれる学会に行くとき、私は基本的にひとりで行動することが多くなります。それは、学会に参加されている普段は会えない外国人の研究者と積極的に話がしたいからです。

せっかく海外に行ったのに、せっかくたまにしか会えない人に会えたのに、同じ日本人で固まり、いつもと同じ人と話をしている日本人医師を見ていると、機会の損失と感じざるを得ません。

学会のあとの懇親会でも、日本人だけが参加する学会のあとの懇親会とまったく変わらない光景が、海外の学会の懇親会でも繰り広げられています。

ビジネスの現場でもそれは同じです。会社内での飲み会でも、少し遠い関係の人も参加する会合でも、日本人は「一緒にいて気が楽な人」と常に行動をともにする傾向があります。

人間は意識しなければ、そうなってしまいます。海外に行くと、とくにその傾向が顕著に出る。これこそが、コンフォートゾーンから出られない人の特徴です。

それは、「語学の壁」が最大の要因かもしれません。

私は英語で不自由することはありませんが、まったく話せない人はともかく、少し話せる人も日中の学会で自分の英語力を使い果たし、夜の会食の時間までもたない。夜は日本語を話したいと思う人もいるようです。

英語のレベルの高い人でも、英語を使って連日外国人とコミュニケーションを取っていると、5日目ぐらいには疲れてしまい、日本語が恋しくなる。その居心地の良さを知ってしまうと、なかなか戻れなくなるのです。

長期の留学で、周囲に日本人のいない環境であれば、嫌でも英語だけの世界になります。その環境に慣れてしまえば、そこがコンフォートゾーンに変わります。しかし留学でも周りに日本人がいると、やがて心が折れて日本人で群れるようになる。短期の留学や学会や出張などの短い時間では、英語のコミュニケーションがコンフォートゾーンになるまでには至らないのが実情です。

その気持ちはわかりますが、それではいつまで経ってもコンフォートゾーンからはゴーアウトできません。日本語が恋しい、日本人が恋しい気持ちがあっても、せっかくの機会は自分ひとりで行動し、英語だけで外国人とコミュニケーションをとるように意識してみてはどうでしょうか。

私が留学したときも、できる限り日本人だけでつるまないようにしました。個人的にスペイン人の仲間に入ったり、別の国籍の人たちの集団に割って入るようにしたりしていました。だからこそ、留学中に現在でも交流が続く友人関係を構築できたと思います。

今思えば、英語で外国人とコミュニケーションを取り続けることができたのは、自分からしつこくアプローチしたからです。

学会の日程が決まったとき、会いたい人に「こんどの学会で飯でも食おうよ」と約束を取りつけたり、友人の家に泊めてもらったりしました。本当は面倒くさいのですが、人間関係を築くのには、コミュニケーションを取りたいという「意思の力（ウィルパワー）」も必要になります。

そして、ゴーアウトして新しい人と関係を築けたら、それを保持するためにさらにコミュニケーションを取り続ける。そこまでやらなければ、ゴーアウトの成果を体感することはなかなかできません。


そのときに欠かせないのが、英語力とさまざまな知識です。

コミュニケーションの手段としての英語を完璧にしても、肝心の会話の中身がなければ、話が続きません。日本人が外国人との会話を躊躇するのは、世界の人々が持っているだけの教養や知識の勉強が不足していることもあるかもしれません。

私は若いときからリスクを恐れず、興味を持った人に対してはナンパをするように積極的にコミュニケーションを取ってきました。そのときに痛感したのは、会話の引き出しの多さの必要性です。

国際的な「ナンパ」になると、かなり広範囲で深い教養が試されます。それは、スペイン人の眼科医の女性とコミュニケーションを取ったときに強く感じました。

ふたりとも眼科医です。私は眼科医として眼科のことに興味がありますし、相手も興味があるはずだと考え、食事中も眼科に関する話ばかりしていました。すると、彼女は怒り出してしまったのです。

「カズオ、私たちはデートしているんでしょ？　そんなときに、どうして眼科の話なんかするの？」

それ以後は、映画の話、絵画の話、日本とスペインの文化の話など、眼科とはまったく関係ない話ばかりしていました。

ただ、眼科の話であれば専門用語も含めて英語は苦になりませんが、映画や絵画や文化の話になると、普段とは異なります。自分の引き出しの少なさ、小ささを露呈しないように一生懸命話しますが、さまざまな分野の知識を学ぶことの重要性を改めて認識した経験でした。

I型人材だと、このハードルは乗り越えられません。ここでも、T型人材になる必要性が浮き彫りになります。教養を学んでもそれが収入に結びつかないから無駄だと考える人もいるかもしれません。しかし、これからの時代はとくに、それが無駄にならない時代がやってくると認識したほうがよいでしょう。

コミュニケーションの方法や姿勢についてお話ししてきましたが、その関連でパーティーの重要性と効果についても触れておきたいと思います。

コロナ禍でなかなか難しくはなっていますが、パーティーはコミュニケーションを深めるうえで重要な手段です。パーティーと言えば、大人数のものを想像する人も多いかもしれませんが、少人数のパーティーでも問題はありません。

会いたい人を呼んで会話をする。会いたい人に知り合いを連れてきてもらえば、新たな出会いの場になる。そこでうまくコミュニケーションが取れれば、そこから新たな関係が始まる。パーティーは、ゴーアウトするための絶好の機会なのです。

しかも、パーティーはその場で会って話すのがメリットになるだけでなく、企画を立てる段階から効果が生まれます。

会いたい人と会うわけですから、企画をしているときから楽しい。一緒に企画している人がいれば、その人とパーティーがどう展開していくかを想像しながらさまざまな作業をする時間も楽しい。すべての時間が楽しくなるのです。

招待状を発送したり、メールを送ったりして、会いたい人たちが出席してくれたら嬉しいものです。でも、欠席でもかまいません。

欠席する旨の返答があったら、会いたかった旨の連絡を入れ、しばらくはそれを口実にコミュニケーションが取れるからです。また、何度も招待したのにその都度断ってくる人がいたらチャンスです。その人も断ることを悪いと思うようになり、別の機会に向こうから誘ってくることも考えられます。

声をかける、誘うのはリスクが伴います。断られる可能性があるからです。そのリスクに動じてはいけません。断られることを恐れて声をかけないのではなく、断られることも織り込んでどんどん誘ってください。断られても、コミュニケーションを取る方法はあります。

東京には、さまざまな人が集っています。あなたが積極的に声をかければ、すべての場をパーティー会場にできると思います。

T型人材を目指してゴーアウトするには、自分でパーティーを企画し、自分の会いたい人を招待すればいいのです。やりにくければ、ぜひ少人数から始めてみてください。

つまらない仕事は
T型へのトレーニングと捉える

好きなこと、やりたいことだけやると言いましたが、自分で仕事をコントロールすることができない若い人は、１００％そういうわけにはいかないでしょう。本当はこの仕事をしたいけれど、上司から別の仕事をやれと言われたら、なかなか断ることはできません。むしろ、その仕事は積極的に引き受けるべきです。

なぜでしょうか。

自分がやりたくない仕事、嫌いな仕事にしっかりと取り組み、結果を出すことがやりたい仕事、好きな仕事をやるための近道になるからです。その仕事をやっているときは気づかないかもしれませんが、あとで考えるとあの仕事をやっておいてよかったということがしばしば訪れます。その仕事に取り組むことで精神的に変調を来すのであれば無理をする必要はありませんが、その仕事とどのように向き合うかによって、その仕事に対する解釈は変わってきます。

たとえば、ごみを捨てに行くのは面倒で嫌な仕事ですが、ごみを捨てたあとの部屋はきれいで気持ちがいいものです。きれいな部屋で過ごしたいというのは、自分がやりたいことです。その自分がやりたいことを成立させるための嫌な仕事やつまらない仕事は、自分がやりたいことと切り離せるでしょうか。

私の解釈は、ごみを捨てに行くことは、部屋をきれいに保ち、気分が良い状態でいるために必要なことで、結果的にやりたいことと理解しています。

言い換えれば、嫌な仕事やつまらない仕事と思っているのであれば、その仕事を楽しむ努力や工夫して学びを得る努力をすればいいのです。あらゆる仕事には、それなりの価値を見出す方法があるからです。

自分は好きなことしかやらないと書きましたが、若いうちは、どれが好きでどれが嫌いかさえわからない時代があります。そのときは、思い切り目の前の仕事をやりましょう。

すぐやる
100%やる
楽しくやる

これらをキーワードに腹を決めて行動してください。それが将来、自分の大好きなことを見つける道にきっとつながることでしょう。

つまらない仕事でも物事を多面的に見るように意識すれば、さまざまな情報との出会いがあります。その出会いは、ゴーアウトのスタートとなり、T型人材になるための探索のひとつにできます。

そう考えると、世の中につまらない仕事はないと言っていいと思います。つまらない仕事をつまらない仕事のまま終わらせてしまう人は、工夫する力が不足していると認識したほうがいいかもしれません。

基本的に、若いうちは難易度の低い、仕組みや構造の単純な仕事を任されるものです。それをつまらないと言って不平ばかり言っている人より、頭を使って工夫しながら、ほかの業務との関連を探っている人のほうが、目に見えて成長します。

それこそが、T型人材になるための必須条件のひとつであり、これからの時代に必要とされる資質なのではないでしょうか。

おわりに

眼科の教授だったとき、一生懸命目の前にある臨床に取り組み、患者さんの目を治すことに没頭しました。加えて、レジデント（研修医）を教育することに力を入れ、研究を進めて論文を懸命に書いていたら、気がつけば周りはすべて海外製品になってしまい、日本のものはほとんどなくなってしまいました。眼科を産業化できなかったツケが、今になって回ってきています。

もちろん、日本の保険診療の枠組みは素晴らしいと思います。腎臓病で亡くなる人はいても、人工透析ができずに亡くなる人はほとんどいないからです。医療費の高額なアメリカでは、人工透析ができずに亡くなる患者さんは珍しくはありません。

ただ、日本は医療を福祉と位置づけてしまったので、福祉の枠組みから出られなくなっています。そういう教育を受けてきたから、目の前にいる人をとにかく救うことしか考えません。医療器具や医薬品を開発することは、自分の仕事だと思っていないのです。

言うまでもなく、保険診療の枠組みはなくすべきではありません。患者さんに質の高い医療を提供するという意味で、機能してきたからです。

しかし、政府は医療費が少なければ少ないほど正しいと思っていますが、医療を産業として見ればまったく見方が変わってきます。世界はすでに、医療を産業というキーワードで動かしています。日本がそれに乗り遅れたのは、保険診療の意義を過剰に評価し、コンフォートゾーンからゴーアウトしようとしなかったからです。


明治維新のころは、T型人材が多かったと思います。

日本は鎖国を解いたばかりで何もないため、ゴーアウトして外に新しいものを求めなければやっていけなかったからです。欧米列強に追いつき、追い越さなければ搾取されてしまう。そのためには有能な人がさらにT型人材になり、新たなものを生み出さなければなりませんでした。

敗戦後も、同じような状況でした。

空襲で焦土と化した町を復興させ、豊かな国に生まれ変わるには、T型人材となってゴーアウトし、アメリカやヨーロッパの戦勝国に追いつかなければなりません。そのかいあって、高度成長を経て日本はある程度の成長を実現し、中流家庭になった結果、幸せにご飯も食べられ、ぬくぬくとした世界で何もしなくなってしまいました。その結果、バブル崩壊を機に始まった「失われた30年」が今も続いています。

繰り返しますが、今は本当に切羽詰まった状況です。

1ドル150円時代に逆戻りするかと思われた円ドル相場は、本書の執筆時点（2022年11月）で140円台の攻防が続いています。このような環境下では、もっと自分の付加価値を上げていかなければ生き残るのは難しいでしょう。

ましてや、人生100年時代を豊かに楽しく生き抜いていくには、今のままではすべてのことが不足するでしょう。

公益財団法人日本生産性本部が発表した「労働生産性の国際比較2021」では、日本の時間当たり労働生産性は49・5ドルでした。これに対してアメリカは80・5ドルで、日本の1・63倍です。

国家間の隔たりをすぐに埋めるのは困難です。だとしたら、少なくとも自分だけでも世界標準の1・63倍にしたいものです。

本書でお話ししてきたのは、それを実現させるためのT型人材になるためのゴーアウト戦略です。ゴーアウトをしなければ生き抜くための情報が入ってこないのだとしたら、ゴーアウトする覚悟を決めてください。

ただし、ゴーアウトしてT型人材になっただけでは、何も生まれません。実行することに意味があります。

つまり、やりたいこと、好きなことが思いのままにできるようになることです。とはいえ、それはハードルが高い。だからこそ、まずはゴーアウトしてT型人材になり、実行の準備をすることが本書の狙いです。T型人材になれば、実行できる確率は確実に上がるからです。

ゴーアウトしてT型人材になることが、なぜ実行に近づくのでしょうか。

そのひとつの例は、冒頭でご紹介した海部陽介さんの『サピエンス日本上陸　3万年前の大航海』に関連する話です。

台湾の海岸にいたホモ・サピエンスは、海の向こうにある対岸（与那国島）は見えません。しかし、何もせずに終わるのではなく、ゴーアウトして富士山より高い台湾の玉山に登ってみると、たまたま海の先に島があることに気づきました。

ゴーアウト（山に登る）することで、知識の幅が広がったのです。その先に島があることがわかったからこそ、つまり情報量が増えてT型人材になったからこそ、海に出ることができたのです。

T型人材になることで、今まで見えなかったものが見えるようになる。
今まで会えなかった人に会えるようになる。
今まで知れなかったことを知れるようになる。

見えた、会えた、知れたことで、やりたいこと、好きなこと、自分が思い浮かべたことを、現実に実行できるようになるのです。

幅を広げることがT型人材になることですが、T型人材になることが目標なのではなく、目標は、その先にある実行です。やりたいこと、好きなことを具体的に実行に移して、それによって成果を挙げることです。面積が広がってやりたいことの幅が広がるのがT型人材ですが、広がっただけでは何の変化もありません。幅が広がったなかから選択し、自分で何かを実行することではじめて価値が生まれるのです。

実行するかたちは、あなたが望むことで構いません。

起業、フリーランスとして独立、転職、副業を始める。職業に貴賤がないように、実行にも貴賤はありません。自分が目標にしていること、夢に描いていることを実現することでもかまいません。


「キャリア」を軸に人生プランを考える方は多いことでしょう。

キャリアと言えば、ビジネスパーソンのキャリアデベロップメントが思い浮かべられます。どうしても、仕事を通じてステップアップしていくイメージがぬぐいきれません。しかし、人生100年時代に入ろうとしているときに、キャリアを仕事に限定する必要があるでしょうか。たとえば70歳から80歳にやっていることは、はたして仕事と言えるのでしょうか。

私は、これからのキャリアを仕事に限定せず、人生まるごとのキャリアとして考えたほうがよいと思います。もはや、仕事と人生は切り離せないどころか、人生と仕事は同心円状に包含されるものになってくると思うからです。

ゴーアウトを通じ、T型人材になって好きなことをやる。

それが変化に富んだ人生のキャリアを豊かで実りあるものとし、100年続く人生を有意義にするのです。

最後に。

本書「Go Out」の執筆に際しましては、たくさんの方々にお世話になりました。この場を借りて御礼申し上げます。

今まで人生でゴーアウトすることができましたのも、たくさんの仲間、先輩、先生方のおかげと感謝しております。慶應義塾大学医学部においては、２０１７年眼科学教室教授任期中に、慶應ビジネススクールエグゼクティブＭＢＡへいくことをお認めくださり、推薦してくださった当時の医学部長岡野栄之教授、病院長だった竹内勤教授に心より感謝いたします。

平均年齢44歳のエグゼクティブＭＢＡのところに、62歳の自分を受け入れてくださり、ビジネス理論の基本をお教えくださいました、慶應ビジネススクールの先生方、とくに当時の委員長の河野宏和教授、岡田正大教授、中村洋教授、後藤励教授、村上裕太郎准教授、一緒に机を並べて学んだクラスメートの皆様に心から感謝します。

文中にも登場しますが、当時自分のエグゼクティブＭＢＡでの勉強を支えてくれた、眼科学教室のレジデント、スタッフの皆様、とくに根岸一乃教授、榛村重人准教授、にも御礼を申し上げます。ＬＡＳＩＫにゴーアウトし、いっしょに新しい屈折矯正の世界を切りひらいてきた南青山アイクリニックの戸田郁子先生、水流成一事務長、みなとみらいアイクリニックの荒井宏幸先生にも感謝します。角膜移植、アイバンクでゴーアウトした仲間である東京歯科大学の島﨑潤教授、篠崎尚史先生、ビッセン・宮島弘子教授、藤島浩教授、深川和己先生、楊浩勇先生にも心から感謝します。

２０１５年に坪田ラボをはじめてからずっと、共に歩んできた坪田ラボの仲間にはとくに感謝申し上げます。中でも慶應眼科時代からいつもサポート、応援してくれている山田進太郎取締役、２０１５年にファウンディングメンバーとしてジョインしてくれた近藤眞一郎取締役、坪田ラボの立ち上げの当初から終始サポートいただいているメディプロデュースの久保田恵里さん、さまざまにお世話になっています小泉信一社外取締役エグゼクティブ国際アシスタントのCatherine Ross Oshimaさんに感謝いたします。

坪田ラボは研究レベルの高さが大きな力ですが、その坪田ラボの研究を支えてくれている慶應義塾大学医学部眼科学教室の栗原俊英准教授、早野元詞講師、小橋英長講師、精神神経科学教室の三村将教授、野田賀大先生、臨床研究推進センターの和田道彦教授、許斐健二教授、明田直彦先生、理工学部の満倉靖恵教授、北京脳科学与类脳研究中心の山中章弘教授に深謝いたします。

また眼科から一緒にイノベーションを起こしている羽藤晋先生、清水映輔先生、堅田侑作先生、ハーバード時代からの親友Scheffer Tseng、Dimitri Azar、ハーバード時代からの人生の師匠Ken Kanyon、Claes Dohlman教授にも心から感謝します。

エイジングサイエンスを教えていただいたDavid Sinclair、Lenny Guarante、イノベーションを教授いただいたBill Aulette、また眼科の恩師である故植村恭夫先生、小口芳久先生、眼科学の先輩・仲間である木下茂先生、横井則彦先生、高村悦子先生、齊藤一郎先生にも改めて感謝申し上げます。

また特許、知財、法律関係で大変お世話になっている柳下彰彦弁護士、吉村俊一先生、渡邉伸一先生、そして公私に渡り財務面をサポートしていただいている小坂義人先生、また、IPOに向ってご指導いただいたSMBC日興証券の佐藤友治様、あずさ監査法人の阿部博様、慶應イノベーティブイニシアティブの山岸公太郎様にもこの場を借りて御礼申し上げます。

また、文中に引用させていただきましたすべての先生方、著者の皆様にも感謝を申し上げます。とくにコーチ・エイ、ディスカヴァー・トゥエンティワンの伊藤守様、JINSの田中仁様、ロート製薬の山田邦雄会長にはビジネスのさまざまな面を教えていただきました。

本書出版に関しましては、ディスカヴァー・トゥエンティワンの舘瑞恵さん、大竹朝子さん、メディアプロデュースの奥野敦史さんに心から感謝申し上げます。

そして最後になりますが、18歳のときより自分のゴーアウト人生を応援し続けてくれました最愛の妻加壽子と、今となっては人生の親友となった康佑、欣也、后加、和也、京子の5人の子どもたちに、心から感謝します。

Go Out　飛び出す人だけが成功する時代

発行日　2023年3月25日　第1刷

Author　坪田一男
Book Designer　小口翔平+後藤司+畑中茜+嵩あかり+須貝美咲(tobufune)

Publication　株式会社ディスカヴァー・トゥエンティワン
〒102-0093　東京都千代田区平河町2-16-1 平河町森タワー11F
TEL　03-3237-8321(代表) 03-3237-8345(営業)
FAX　03-3237-8323
https://d21.co.jp/

Publisher　谷口奈緒美

Editor　大竹朝子　舘瑞恵　(編集協力:新田匡央)

Marketing Solution Company
小田孝文　蛯原昇　谷本健　飯田智樹　早水真吾　古矢薫　山中麻吏
佐藤昌幸　青木翔平　磯部隆　井筒浩　小田木もも　工藤奈津子　佐藤淳基
庄司知世　副島杏南　滝口景太郎　竹内大貴　津野主揮　野村美空
野村美紀　廣内悠理　松ノ下直輝　南健一　八木眸　安永智洋　山田諭志
高原未来子　藤井かおり　藤井多穂子　井澤徳子　伊藤香　伊藤由美
小山怜那　葛目美枝子　鈴木洋子　畑野衣見　町田加奈子　宮崎陽子

Digital Publishing Company
大山聡子　川島理　藤田浩芳　大竹朝子　中島俊平　小関勝則　千葉正幸
原典宏　青木涼馬　伊東佑真　榎本明日香　王廳　大﨑双葉　大田原恵美
佐藤サラ圭　志摩麻衣　杉田彰子　舘瑞恵　田山礼真　中西花　西川なつか
野﨑竜海　野中保奈美　橋本莉奈　林秀樹　星野悠果　牧野類　三谷祐一
宮田有利子　三輪真也　村尾純司　元木優子　安永姫菜　足立由実
小石亜季　中澤泰宏　森遊机　浅野目七重　石橋佐知子　蛯原華恵
千葉潤子

TECH Company
大星多聞　森谷真一　馮東平　宇賀神実　小野航平　林秀規　福田章平

Headquarters
塩川和真　井上竜之介　奥田千晶　久保裕子　田中亜紀　福永友紀
池田望　石光まゆ子　齋藤朋子　俵敬子　宮下祥子　丸山香織　阿知波淳平
近江花渚　仙田彩花

Proofreader　文字工房燦光
DTP・図表作成　株式会社RUHIA
Printing　日経印刷株式会社

ISBN978-4-7993-2931-3